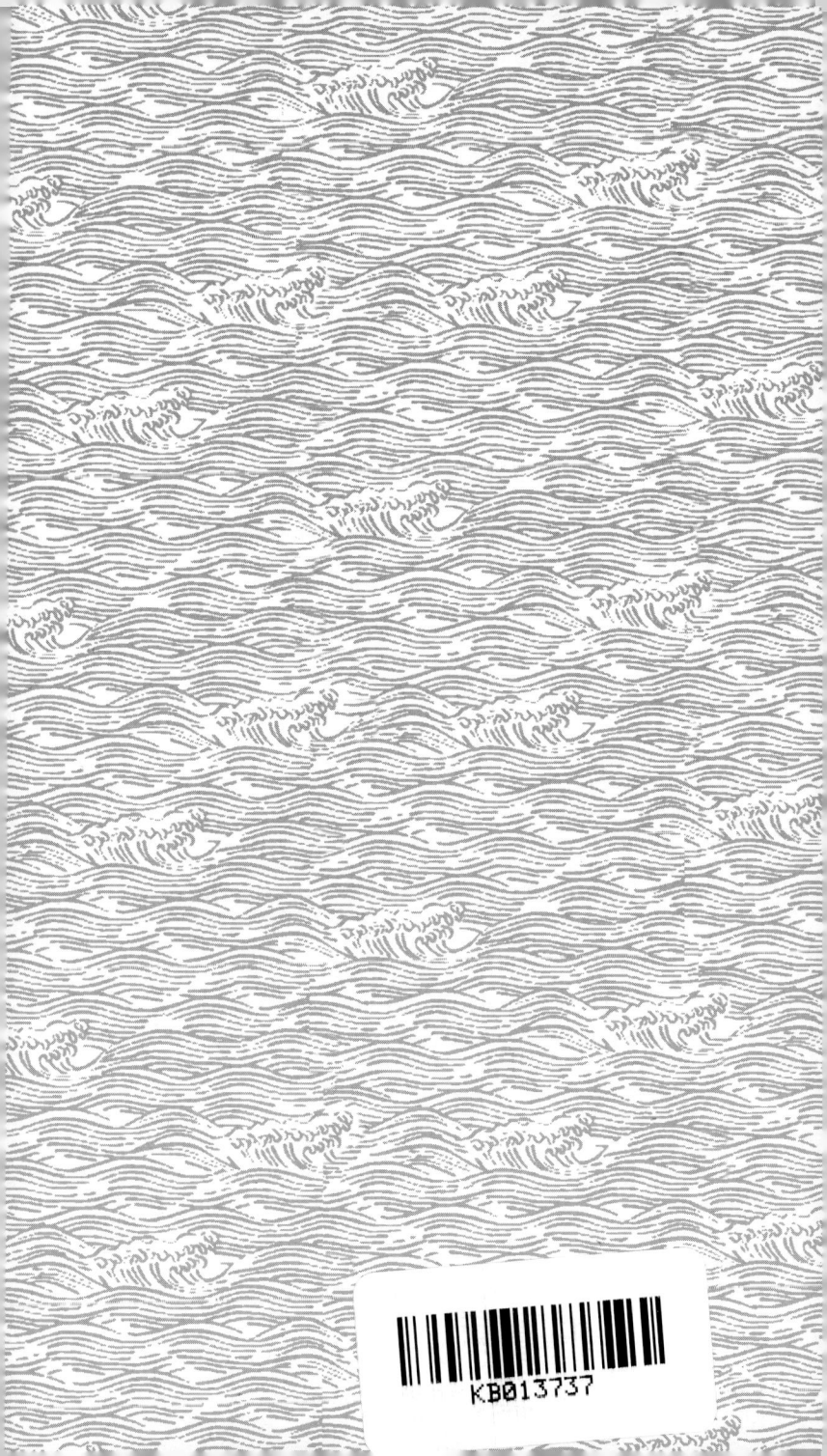

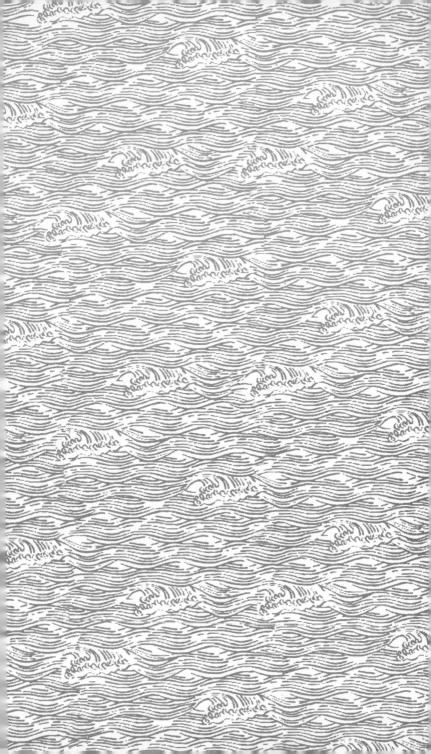

이순신 홀로 조선을 구하다

이순신 홀로 조선을 구하다
메이지 일본, 이순신을 神으로 받들다

2019년 4월 10일 초판 1쇄 찍음
2019년 4월 15일 초판 1쇄 펴냄

지은이	사토 데쓰타로, 오가사와라 나가나리 외
옮긴이	김해경
펴낸이	이상
펴낸곳	가갸날
주 소	10386 경기도 고양시 일산서구 강선로 49, 402호
전 화	070-8806-4062
팩 스	0303-3443-4062
이메일	gagyapub@naver.com
블로그	blog.naver.com/gagyapub
페이지	www.facebook.com/gagyapub
디자인	노성일 designer.noh@gmail.com

ISBN   979-11-87949-31-2 (03990)

이 도서의 국립중앙도서관 출판예정도서목록(CIP)은 서지정보유통지원시스템
홈페이지(seoji.nl.go.kr)와 국가자료공동목록시스템(www.nl.go.kr/kolisnet)에서
이용하실 수 있습니다. CIP 제어번호 : CIP2019008000

이순신 홀로 조선을 구하다

메이지 일본,
이순신을 神으로 받들다

사토 데쓰타로
오가사와라 나가나리 외
지음

김해경 옮김

가갸날

차 례

일러두기

- 이 책의 원전은 佐藤鐵太郎, 〈絶世の名海將李舜臣〉,
  《朝鮮地方行政》, 1927. 2; 惜香生, 《朝鮮李舜臣伝: 文禄征韓水師始末》,
  惜行社, 1892; 小笠原長生, 《日本帝國海上權力史講義》,
  海軍大學校, 1902이며, 《朝鮮李舜臣伝: 文禄征韓水師始末》과
  《日本帝國海上權力史講義》는 일본 국회도서관, 〈絶世の名海將李舜臣〉은
  국립중앙도서관 소장 자료를 텍스트로 하였다.

- 각 글의 원제목은 번역해 부제목으로 하고 별도의 제목을 달았다.

- 최대한 원문을 충실히 번역하는 것을 원칙으로 하였다.
  다만 몇몇 용어의 사용에서 가치중립성을 유지하려 하였다.
  일본에서 사용하는 용어 '분로쿠文禄의 역役'은 임진전쟁,
  '게이쵸慶長의 역'은 정유전쟁으로 표기하였으며,
  임진전쟁 표기는 더러 임진·정유전쟁 전 기간을 포괄하기도 한다.
  적, 우리 등의 표기는 조선, 일본 등으로 바꾼 경우가 많다.

- 인명은 이름 전체를 표기하는 것을 원칙으로 하고,
  외국인 이름이 처음 등장할 때는 원어 이름을 병기하였다.

- 본문의 내용 가운데 연도, 인명, 지명 등의 소소한 오류는
  바로잡았다. 일부 부정확한 내용과 독자의 이해를 돕기 위해
  필요한 곳에는 주를 달았다. 하지만 저자의 역사관이
  존중될 필요가 있으므로 대상을 지나치게 확대하지 않았다.

- 연도는 서기로 표기하였다. 거리, 깊이 등의 단위기호는
  독자가 이해하기 쉬운 단위로 환산해 표기하였다.

- 이 책에 사용된 이미지는 거북선을 제외하고는
  원문에 없던 것이지만, 시각적 이해를 돕기 위해 수록하였다.

넬슨 제독은
이순신 장군에
도저히 미치지 못한다

절세의 명장 이순신

사토 데쓰타로

佐藤鐵太郎, 〈絶世の名海將李舜臣〉, 《朝鮮地方行政》, 1927. 2.

글쓴이 사토 데쓰타로는 메이지 시기 육군 중심의 국방전략에 맞서 해군 중심의 해주육종론海主陸從論을 주장한 일본 해군의 대표 이론가였다. 그는 해군대학교 교관을 지내며 해군의 전략 수립에 큰 영향을 끼쳤으며, 러일전쟁에 참전해 일본이 승리하는 데 중요한 역할을 하였다. 사토 데쓰타로는 그의 이론을 집대성한 《제국국방사론》(1908)에서 이순신을 높이 평가하고 있으며, 1892년에 처음 집필한 《국방사설》에서부터 이러한 생각을 가다듬어왔다. 사토 데쓰타로가 중장으로 진급한 이후 1927년에 집필한 〈절세의 명장 이순신〉은 이순신에 대한 그의 생각을 가장 잘 정리해 보여주는 글일 뿐 아니라, 메이지에서 다이쇼 시대 일본 해군의 생각을 엿볼 수 있는 중요한 자료이다.

역사적 위인으로서 내가 가장 갈망해 마지않는 첫 번째 인격자는 릿쇼立正 대사*를 손꼽을 수 있다. 하지만 해군 장성인 내 입장에서 평생을 두고 경모하는 바다의 장수는 서양에서는 네덜란드의 명장 데 로이테르Michiel de Ruyter**, 동양에서는 우리 조선의 이순신이다.

이순신 장군은 인격이나 장수의 그릇, 모든 면에서 한 오라기의 비난도 가하기 어려운 명장이다. 만일 두 장수 가운데 갑과 을을 정하라고 한다면 나는 의심의 여지없이 이순신 장군을 갑으로 추천하는 바이다. 영국에는 찰스 하워드Charles Howard***를 비롯한 무수한 명장이 있고, 호레이쇼 넬슨Viscount

---

*   일본 불교 종파의 하나인 니치렌종日蓮宗을 개창한 니치렌의 시호.

**   영국과의 해전에서 큰 승리를 거두어 네덜란드의 해상제해권을 강화한 네덜란드의 해군 제독.

***   스페인의 무적함대를 격파한 영국군 지휘관.

Horatio Nelson이 세계적인 명장으로 명성이 높은 것은 누구나 잘 안다. 하지만 넬슨은 인격이나 창의적 천재성에서 도저히 이순신 장군에 필적할 수 없다.

프랑스의 피에르 쉬프랑Pierre André de Suffren* 장군, 미국의 데이비드 패러거트David Glasgow Farragut** 장군 같은 사람도 세계적인 명장으로 존경할 만하지만, 결코 넬슨에 미치지 못하는 인물이다. 로이테르는 인격과 역량 두 가지 모두 나무랄 데 없고, 그의 경력도 어딘지 이순신 장군과 비슷한 점이 있다. 그렇지만 장군으로서 필요한 창의적 천재성에서는 한 수 아래인 것같이 보인다.

이순신 장군은 새삼 이를 것도 없이 도요토미 히데요시豊臣秀吉 원정군의 목적을 좌절시켰을 뿐만 아니라, 동시에 제해권 확보가 국방에 얼마나 중요한지를 사실적으로 증명한 명장이었다. 도중에 모함을 당해 백의종군에 처해졌지만 아무런 원망도 하지 않고 그 같은 대우를 달게 받았다. 이 한 가지만 보더라도 장군의 고매한 인격을 알 수 있다.

이순신 장군은 군기를 엄격히 세우고 매사에 위엄이 있었다. 그러면서도 부하 사랑하기를 자식 대하듯이 하였다.

---

*   영국과 싸운 프랑스 해군 제독.
**   남북전쟁 기에 활약한 미국 해군 제독.

병사들의 말을 귀담아 듣고 매사를 공명정대하게 처리하였다. 또한 견식과 도량이 깊어 기분에 따라 행동하지 않고 정성을 다하는 모범적인 장군이었다. 장군은 평소 자신의 뜻을 이렇게 일러 말하였다.

"장부가 세상에 태어나서 나라에 쓰이게 되면 죽음으로 충성을 다할 것이요, 만약 쓰이지 못하면 들에서 밭갈이하는 것으로 족하다. 다른 사람에게 아부해 영화를 도모하는 것은 큰 수치다."

이 한 마디 말로 익히 그의 인격을 살필 수 있을 것이다. 사람들의 의견을 받아들임으로써 스스로의 독단을 경계한 것은 운주당이라는 건물을 지어 장수는 물론 병사들과 허심탄회하게 전법을 토론하고 계책을 구한 사실에서도 명백하다. 요즘 장군 자리에 앉아 있는 사람이라도 과연 이와 같이 진솔하고 관대할 수 있을지 나는 은연중 거정되는 것이다.

장군은 또한 독창적 천재성을 지닌 사람이었다. 전쟁을 종결짓는 데 필요불가결한 군비를 충실히 갖추는 데 부심하였을 뿐 아니라, 거북선이라고 일컫는 신식 전함을 건조했다. 이것은 실로 오늘의 전투함의 효시로 병사들을 방어용 선실

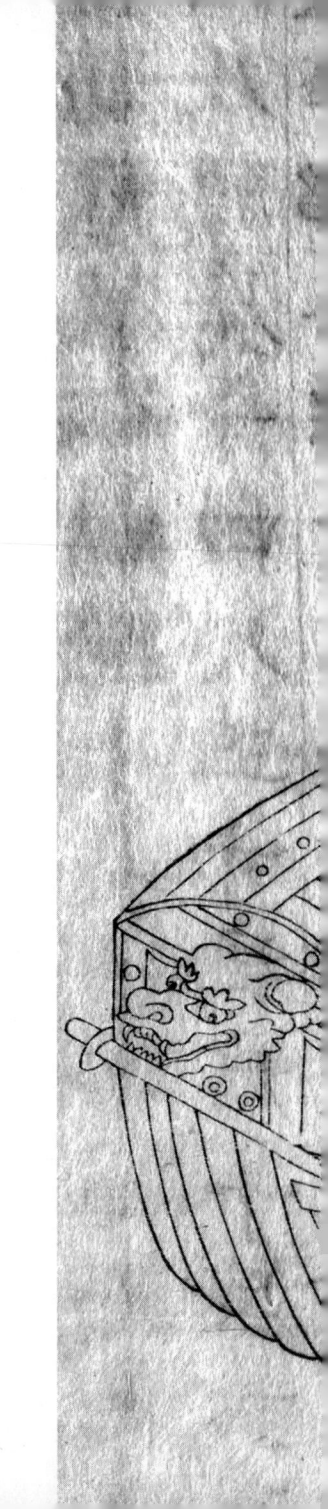

길이 20미터 어름으로 전방 뱃머리에 용의 머리가
달려 있는 것이 이 배의 특징이다. 그 머리 길이는
1.3미터, 폭은 0.9미터이다. 입에 유황과 연초를
채워두었다가 전쟁터에 다다라 다량의 연기를
토해내는 것이 놀라운 점이다. 배의 좌우 현에는
각기 6개의 구멍을 뚫어 대포 12문을 장착하고,
용 머리에도 대포가 놓여 있다.

이순신 장군이 전라좌수사가 되고 나서
신기술을 응축시켜 이 배를 만들었다. 앞은 용의
머리, 뒤는 거북이 꼬리 형상을 하고 있으며,
상갑판에 다수의 활과 칼 등을 설치해두었다.

적의 배에 접근하면 때로 엮은 이영으로 궁시弓矢
등의 무기를 덮고 적의 눈을 속이며 나아간다.
적이 배에 오르려고 하면 칼로 베고, 기습하려고
하면 일시에 총을 발사해 상대방을 곤경에 빠뜨려
연전연승을 거둠으로써 대적할 적이 없었다.

그림 1-1

《충무공이순신전서》(1795년) 속의 통제영 거북선.
그림과 설명문은 〈절세의 명장 이순신〉 원문 속에 수록된 것임.

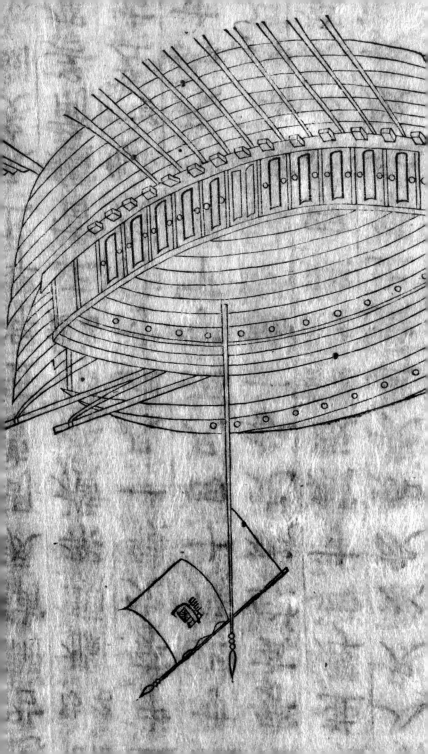

이 배의 길이, 폭 등은 앞의 거북선과 대동소이하지만,
용머리 아래 또 하나의 용머리를 새긴 점과 덮개 위에
거북 무늬를 새긴 것이 특징이다.

그림 1-2

《충무공이순신전서》(1795년) 속의 전라좌수영 거북선.
그림과 설명문은 〈절세의 명장 이순신〉 원문 속에 수록된 것임.

내에 들어가 있게 하고, 뱃머리에 용머리를 달아 그 속에서 유황과 염초를 내워 입으로 연기를 토해냄으로써 안개와 같은 상황을 만들어 적을 혼란케 하는 장치이다. 배의 고물과 이물, 그리고 좌우현에는 십수 문의 포를 장착하고, 또한 적의 습격을 막기 위해 상갑판에는 다수의 창검을 꽂아두었다.

지금부터 4백 년 전에 장갑전함을 만든 것은 세계의 누구라도 놀랄 일이다. 장군은 또한 방어용 무기를 공격용으로 용도를 바꾼 지혜로운 장수다. 러일전쟁 때 일본군이 방어용 수뢰를 공격무기로 전용해 러시아의 기함 페트로파블로프스크Petropavlovsk 호를 폭침시켜 러시아 장군 마카로프Stepan Osipovich Makarov를 죽인 것은 흥미롭고 독창적인 전술이지만, 이순신 장군은 4백 년 전에 이미 동일한 계책을 사용해 큰 공을 세웠다.

장군이 다시금 등용되어 해군 장수로서 국방의 중책을 짊어졌을 때, 일본 수군은 조선의 남서 해안을 돌아 북상할 수 있는 유리한 상황이었다.

만에 하나라도 이순신 장군이 나오지 않고 일본 수군에 북상의 길을 열어주었더라면 조선의 국방은 절망적으로 파괴되었을 것이다. 다시금 해군 장수로 등장한 이순신은 패잔한 낡은 배 겨우 13척을 가지고 이 위험한 전황 속에서 중책

그림 1-3

여순항에서 침몰하고 있는 페트로파블로프스크 호.

을 수행하였다.

장군은 미리 철쇄鐵鎖를 명량도(진도와 육지 사이의 좁은 해협으로 조류의 속도가 6, 7해리에 이르는 무서운 물길이다)에 가라앉혀 두었다가 교묘한 계략으로 와키자카 야스하루脇坂安治, 간 마사카게菅正蔭, 모리 다카마사毛利高政 등의 여러 장수들에 속한 병선 4백여 척을 유인하여 전황과 조류를 가늠하며 기회를 엿보다가 신속한 명령으로 양안에서 철쇄를 끌어당김으로써, 간 마사카게의 배를 비롯한 병선들이 순식간에 철쇄에 걸려 침몰하였다. 그리하여 4천여 명의 손실을 보는 지경에 이르렀던 것이다.

역사에 전하는 바에 따르면, 후진에 있던 와키자카 야스하루는 멀리서 이런 모습을 지켜보면서 적의 계략에 말려든 것을 알아채고 급히 퇴각명령을 내렸지만, 대부분 철쇄에 걸려 도망갈 수 없었다고 한다. 와키자카 야스하루 등은 화가 머리끝까지 치밀어 급히 달려가 구원하려 하였지만, 조류가 빨라 노를 되돌릴 틈조차 없이 진영은 무너지고 속절없이 물길에 떠밀렸다.*

---

* 이 책에 실린《조선 이순신전》과《일본제국해상권력사강의》에도 철쇄설이 등장한다. 대부분의 학자들은 철쇄설을 부정하지만, 일본군 참모본부를 필두로 한동안 일본에서는 명량해전에서 이순신이 해협에 철쇄를 걸어 일본군을 물리쳤다는 이야기가 사실처럼 받아들여졌다.

그림 1-4

이순신이 13척의 배로 10배가 넘는
일본 수군을 무찌른 명량해전도.

당시의 상황이 실로 손에 잡힐 듯이 생생히 전해진다. 뿐만 아니라 이순신 상군은 견내량 전투에서 지형을 활용하는 이른바 오늘날의 집중전술을 이용해 놀랄 만한 대승을 거두었으니, 이 또한 장군의 독창적 전술이다.

당시 원정군의 장수들은 군기軍紀가 무엇인지조차 모르고 밤새워 술을 마시는가 하면, 서로 속여가며 공명을 다투고 툭하면 공을 따지며 싸우는 등 거의 경멸할 만한 상태를 반복하곤 하였다.

이순신 장군의 함대는 철저한 경계테세를 갖추어 야간 초계哨戒 같은 경우는 어떤 상황에서도 엄중히 하였다. 당시 이순신 장군은 갑옷을 입은 채 투구를 베개 삼아 갑판 위에서 잠을 청하였다. 또한 함대가 언제라도 닻을 올릴 수 있도록 초계정을 배치하였다(이순신 장군은 수시로 함선을 순시하며 내외에 엄정한 계율을 확립하였다고 한다). 기함에서 쏜 포 신호에 맞추어 모든 함선이 일제히 출동하는 실황을 상상하면서 승패는 결코 우연이 아님을 헤아리게 되니 장탄식을 멈출 수 없을 따름이다.

장군이 지은 다음과 같은 시가 전해온다.

수국水國에 가을빛이 저무니   水國秋光暮

추위에 놀란 기러기 떼 높이 나는구나   警寒雁陳高

근심으로 뒤척이며 잠 못 이루는 밤   憂心轉輾夜

새벽달이 활과 칼을 비추네   殘月照弓刀*

　　나는 장군의 심사와 당시의 실제 모습을 상상해보며 실
로 감개무량하다.

　　장군은 매우 담대하면서도 지기 싫어하는 사람이었다.
사천해전 중에 날아온 탄환이 어깨에 박히는 중상을 입었지
만, 장군은 추호도 움츠리는 기색 없이 싸움을 독려해 승리
한 다음 스스로 칼로 탄환을 빼냈을 정도였다. 달리 전하는
이야기에는 의원을 시켜 탄환을 제거하게 하면서, 부하 장수
와 바둑을 두었다고 한다. 치료 받는 동안 안색이 조금도 흐
트러지지 않았다.

　　순천만 싸움에서 장군은 마침내 전사하고 말았다. 이 해전
은 조선과 일본 두 나라 사이의 마지막 해전으로 격렬하기 그
지없었다. 그 장면은 다음과 같은 이야기로 역사에 전해온다.

　　이순신은 군대를 독려하며 빠르게 일본군을 향해 나아

---

*　　이순신이 한산도 진중에서 지은 시 〈한산도야음閑山島夜吟〉.

그림 1-5

넬슨의 영국 함대가 프랑스-스페인
연합함대와 싸워 이긴 트라팔가르 해전.

가던 중 유탄이 순신의 가슴을 관통하였다. 부하들의 부축을 받으며 징막 안으로 들어간 이순신은 좌우에 이르기를 싸움이 몹시 급박하니 절대로 자신의 전사 사실을 알리지 말라는 유언을 남기고 숨을 거두었다.

이 최후의 한마디 같은 경우는 실로 전쟁터에 나선 장수의 모범이다. 나는 영국 장군 넬슨의 트라팔가르 해전을 떠올리면서 명장의 용의주도함이 동양과 서양 모두 하나같음에 찬탄을 금할 수 없다. 동시에 내 자신이 그와 같은 상황에서 과연 두 선배에게 부끄럽지 않을 수 있을지 의문을 갖게 된다.

장군의 위대함은 지금까지 서술한 것에 머물지 않는다. 장군의 외교적 수완에도 실로 놀랄 수밖에 없다. 명나라 장수 진린陳璘이 원군을 이끌고 왔을 때를 생각하면 그렇지 않아도 위세를 부리며 약자 위에 군림하던 소위 천군天軍(명나라 군대) 장수의 동정이 어떠했을지 쉽게 상상이 간다. 하지만 이순신은 교묘한 대응으로 이내 그를 감복시킴으로써 마침내 장군을 우러르며 장군의 말에 맹종하도록 회유하였다.

이것만 보아도 장군의 인격이 얼마나 큰지 증명된다. 따스하면서도 엄격해 도무지 결점이라곤 찾아볼 수 없는 기개는 누구라도 경모해 마지않는 인격자임을 증명해준다. 진심을 다해 나라에 모든 것을 바칠 뿐 일체의 사심이라곤 갖지 않는 군자의 모습, 솔선해 다른 사람을 감복시키는 경지라 일컬을 수 있다. 구구한 수완을 들어 장군을 평하는 것은 본시 부당한 일이다. 현대 외교의 입장에서도 과연 이런 일이 이해될는지 모르겠다.

내가 경모하는 이순신 장군은 실로 이러한 인물이었다. 그 경력의 큰 줄기가 데 로이테르 장군과 닮은 점이 많을 뿐 아니라, 이순신, 데 로이테르, 넬슨 세 장군은 모두 대승리라는 영광의 한가운데서 꽃처럼 전사하였다. 그래서 특히 각별한 추모의 마음이 든다. 나는 조선에 이순신이 있음을 한껏 자랑하면서 일본에 그와 견줄 만한 사람이 없음을 결코 원망하지 않는다. 다행히도 세계 제일의 명장 도고 헤이하치로東鄉平八郎* 원수로 새로운 역사를 장식할 수 있다고 생각하니 다시금 일단의 유쾌함을 맛보게 된다.

지금까지의 기록은 기억을 더듬어 이순신 장군에 대한 경모의 마음을 서술한 데 지나지 않는다. 장군의 진면목을 소개하기에는 너무 빈약하지만, 이번에는 이것으로 양해를 구하는 바이다.

---

* 러일전쟁 때 일본 연합함대 사령관으로 쓰시마 해전에서 대승을 거둠으로써 일본에서 군신軍神처럼 떠받들어졌다.

조선 이순신전

이순신, 조선의 운명을 구하다

세키코세이 지음

시바야마 나오노리 감수

원문

惜香生,《朝鮮李舜臣伝: 文禄征韓水師始末》
(《偕行社記事》제82호 부록), 偕行社, 1892.

이 글은 임진전쟁에 참가한 일본 수군의 전
말을 살펴보고 그를 통해 이순신을 조명하
는 내용으로, 소책자 전문을 우리말로 옮겼
다. 우리나라를 포함해 모든 이순신 전기의
효시라는 역사적 의미를 지니고 있다. 메이
지 시기 일본에서 이순신 신화가 만들어지
는 기폭제가 되었으며, 우리 작가에 의한 이
순신 전기는 이 책이 출간된 지 16년 후에야
등장한다. 저자 세키코세이惜香生가 누구인
지는 명확하지 않으며, 책자에 저자로 표기
된 시바야마 나오노리柴山尚則는 저자라기보
다는 감수자라 함이 타당해 보인다.

일본이 그동안 외국과 전쟁을 벌인 것은 수차례에 이른다. 오래 전에는 진구황후의 정한征韓과 원나라 군대의 내침이 있었고, 가까운 시기에는 시모노세키 전쟁*과 가고시마 만에서 벌어진 사쓰에이 전쟁**이 있었다.

그렇지만 10만의 무리를 이끌며 수년 동안 경천동지할 위세로 천지를 뒤엎는 위엄을 보인 것은 오직 도요토미 히데요시의 조선 침공뿐이었다. 이를 볼 때 고금古今을 달리해 형세의 이모저모를 살핀다면, 그 용전호투龍戰虎鬪하던 모습과 주판을 놓듯 펼친 전략의 발자취를 오늘날 연구하고 헤아려야 할 점이 몹시 많다.

* 에도 시대 말기인 1863~1864년에 혼슈 서쪽 끝의 시모노세키와 규슈 사이의 해협인 간몬해협 봉쇄에 나선 조슈 번과 서구 열강 사이에 벌어진 전쟁.
** 에도 시대 말기인 1863년에 가고시마 만에서 영국과 사쓰마 번 사이에 벌어진 전쟁.

벗 세키코세이憎香生가 조선에서 자신이 지은 '수군통제사 이순신전'을 인편에 보내왔다. 펼쳐서 읽어보니 당시 해전의 모습이 대단히 상세하고 명료했다.

저자의 의견에 의하면 일본 수군과 이순신 사이의 전투가 당시 전쟁 전체의 승패를 가른 지점이었다. 도요토미 히데요시의 웅대한 뜻을 그림 속의 떡으로 만든 원인은 전적으로 수군의 실패에 있다고 할 수 있다.

하지만 당시의 육상 전투 또한 큰 실책을 저지른 책임을 면할 수는 없다. 곧 임진, 정유 두 전쟁의 총대장은 장수다운 능력이 부족해 육군의 여러 장수들을 통솔할 수 없었다. 그리하여 장수들을 각 도에 나누어 진격시킴으로써 교전의 목적을 달성하는 일이 불가능했다.

조선의 지세는 산악이 험준한 까닭에 장수들로 하여금 고립된 채 싸우지 않도록 해야 한다. 그럼에도 불구하고 총대장의 역량이 충분히 발휘되지 못했으니 어찌 이 같은 크나큰 실책을 보지 않을 수 있었겠는가.

이 책의 발간에 즈음하여 한마디 덧붙이는 것은 저자가 편지에 쓴 것과 같이 전적으로 죄를 수군에게 돌릴 수는 없어서이다.

아아, 쓰시마의 서쪽부터 진도의 동쪽까지 파도 넘실대

는 너른 바닷가에서 임진전쟁의 실패를 씻어낼 자 과연 누구인가. 적이 느끼는 바 적지 않아, 가이코샤에서 기록을 펴내니 회원 각자가 거울삼아 읽어보기를 바랄 뿐이다.

1892년 1월
시바야마 나오노리

멀리 보자면 단노우라壇ノ浦 해전*에서 노가 부러지고 배가 가라앉아 시체들이 바다를 덮었으니 그 모습이 얼마나 참담하였던가. 가까운 시기의 하코다테 해전**에서도 포가 굉음을 울리고 탄환이 날며 찢긴 살점과 흐르는 피가 낭자하여 몹시도 격렬하였다.

하지만 지금 일본의 일본이라는 생각을 잠시 버리고 세계 속의 일본이라는 처지에서 관찰하자면, 겐지源氏***가 교활한 수달이 물고기를 모는 기세로 헤이케平家****를 만경창파 바

* 헤이안 시대 말기인 1185년 헤이케平家와 겐지源氏 세력이 주도권을 놓고 벌인 최후의 해전. 이 전투에서 승리한 겐지 가문의 미나모토 요리토모源賴朝가 1192년 가마쿠라 막부를 설치함으로써 무인 정치가 시작된다.
** 도쿠가와 막부 잔존세력과 천황파 신정부가 1869년 홋카이도 하코다테에서 벌인 해전.
*** 미나모토源라는 성을 가진 씨족을 통틀어 일컫는 말.
**** 다이라平 성을 가진 집안. '헤이케가 아니면 사람이 아니다'는 고사가

다 밑으로 격침시키던 무용담도 또한 도쿠가와 막부의 한 용감한 장수가 호랑이의 위세로 최후의 고료카쿠五稜郭* 결전에서 시를 읊던 기개도 모두 달팽이 뿔 위에서의 싸움이나 겨자씨 안에서 미물끼리 싸우는 모습에 지나지 않는다. 왜냐하면 그 승리가 한 나라의 명예에 도움이 되지 않고 그 패배 역시 한 나라의 치욕에 관계되지 않기 때문이다.

만일 외국과의 싸움이라면 우리 수군의 승패는 그 의미가 전적으로 달라진다. 그 승리가 작은 것이어도 자국의 명예를 크게 드높일 것이고, 비록 작은 패배일지라도 자국의 치욕을 널리 퍼뜨리게 될 것이다. 단지 그뿐만 아니라 역사 속의 승패에 따른 명예와 치욕의 자취는 남들이 현재 우리나라의 힘을 판단하는 자료가 될 터이니, 어찌 경계하고 두려워하지 않을 수 있겠는가.

내 일찍이 한국과의 교섭사를 살펴보고 두 차례 수군의 공격이 있었음을 알았다. 그것은 진구황후神功皇后의 정한**과

나올 만큼 헤이안 시대 말기에 크게 세력을 떨쳤다.
*   하코다테 전투 당시 막부군이 근거지로 삼았던 장소.
**   진구황후의 삼한정벌설은 《일본서기》《고사기》 등의 일본 사서에 등장하지만,
     진구황후 자체가 명확한 실존인물로 보기 어려울 뿐더러 삼한정벌설은
     더더욱 역사적 사실과 거리가 멀다.

"도요토미 히데요시는 그 웅지가 세상을 덮고
하늘에 닿을 호걸이다. 그럼에도 불구하고 불구의 몸으로
지하에 누워 있게 된 것은 수군 때문이었다.
또한 그 수군이 패한 수치는 다름 아닌 조선의 한 사내
이순신 때문이었다."

그림 2-1

이순신 장군 초상.

그림 2-2

도요토미 히데요시의 초상.

도요토미 히데요시 태합太閤*의 조선 침공이다. 수군이 구름 같은 기세를 보인 진구황후神功皇后의 정한 때는 북소리가 한 번 울리자 신라가 항복하고, 두세 번 울리자 백제와 고구려가 복종하였다. 나라를 빛낸 황후의 이 같은 업적은 오늘에 이르기까지 빛나고 있다. 도요토미 히데요시의 수군은 실로 우리의 명예를 손상시켰을 뿐 아니라 우리에게 치욕을 안겨주었으니 이제 와서 무엇을 말하겠는가.

통상적인 세상 이치로 보자면 자국의 명예를 드러내고 자국의 치욕은 숨기려고 할 것이다. 나는 진정한 가치를 지닌 일로 우리나라의 명예를 드러내려는 충정에서는 다른 누구에게도 뒤지지 않거니와, 우리의 치욕에 관해서도 거짓으로 꾸미거나 실정을 은폐하기를 추호도 바라지 않는다. 때로는 오히려 이를 세상에 알려 더욱 크게 부끄러워하도록 해야 한다.

이에 관해 조금 더 이야기해보자. 월왕越王 구천勾踐은 오왕吳王 합려闔閭**에게 패해 회계산會稽山에서 항복하는 치욕을 당하지만, 10년 만에 마침내 오나라를 쳐서 복수의 뜻을 이루

---

* 　도요토미 히데요시가 자신을 부를 때 쓰도록 한 극존칭의 호칭. 도요토미 히데요시는 1591년 조카 도요토미 히데쓰구豊臣秀次를 양자로 맞이해 간파쿠關白 직을 양도하고, 자신은 태합으로 불렸다.

** 　부차夫差의 오기. 합려는 오히려 구천에 패해 숨을 거두었으며, 구천에게 치욕을 안긴 것은 합려의 아들 부차였다.

는 아름다운 고사를 천년 뒤까지 남기게 된다. 당초의 치욕을 잊지 않았기 때문에 그 같은 결과를 이룰 수 있었다.

항우項羽는 천하의 대부분을 얻었으면서도 오강烏江에서 한 번 패한 수치를 견디지 못함으로써 강동江東 땅 준재의 자제들이 권토중래할 수 있는 기개를 꺾어버리고 말았다. 그리하여 시인들의 붓 끝에서 가련 처량하게 그려지는 대상이 되었다. 이는 치욕에 잘 대처하지 못한 경우다.

독일은 나폴레옹에게 아우어슈테트 전투와 예나 전투에서 패했다. 하지만 그 후 세단 전투와 파리 전투에서 승리해 프랑스의 알사스 로렌을 할양 받음으로써 오늘날 군사적으로 강성한 나라가 되었다. 한 번의 패배로 좌절하면 곧 모든 것이 끝나버리고 만다. 만일 그렇게 하지 않으면 이른바 치욕이란 것은 오히려 국력을 신장 발흥시키는 기회가 된다. 치욕이 적으면 국력의 신장도 적고, 치욕이 크면 국력의 신장도 그만큼 크다.

나는 그 같은 사실을 잘 알고 있으며, 우리의 수치심을 크게 해야 할 까닭이 여기에 있는 것이다. 도요토미 히데요시는 그 웅지가 세상을 덮고 하늘에 닿을 호걸이다. 그럼에도 불구하고 불구의 몸으로 지하에 누워 있게 된 것은 수군 때문이었다. 또한 그 수군이 패한 수치는 다름 아닌 조선의 한 사내 이순신 때문이었다. 이 같은 사실을 알고 있거늘, 어찌 오늘은 물론 옛일을 돌이켜보며 자리에서 일어나 의연히 분발하지 않을 수 있으랴.

이순신의 자字는 여해汝諧요, 충청도 아산* 사람이다. 그 조상에 변邊이라는 사람이 있는데 벼슬이 판부사에 이르렀으며 강직한 신하라는 소리를 들었다. 증조부의 이름은 거琚로 성종의 아들 연산군의 강관講官이었다. 그는 일찍이 장령이 되어 조금도 꺼리지 않고 권세가들을 탄핵하였다. 관료들이 모두 그를 두려워하여 호랑이 장령으로 불렸다. 조부는 백록百祿이니 가문의 덕으로 과거를 보지 않고 벼슬하였으며, 부 정貞은 은거하여 벼슬길에 나가지 않았다.

이순신은 위엄이 있고 의협심이 강한 품성이었다. 어릴 적에 아이들과 놀 때는 나무를 깎아 만든 활을 항상 지닌 채 동네를 쏘다니다가 자신의 뜻에 거슬리는 사람을 만나면 그 사람의 눈을 쏠 듯이 하였다. 나이 든 사람들도 이 같은 상황을 꺼려 이순신의 집 문 앞을 지나지 않으려 하였다.

---

* 원문에는 덕산德山으로 되어 있음. 이순신의 본관은 덕수德水이며, 한양 건천동에서 태어났으나 외가가 있던 아산으로 가족 모두가 옮겨 살았다.

그의 집안은 여러 대에 걸쳐 유학자로 입신해왔으나, 이순신은 무과에 급제하여 권지훈련원봉사로 선조(宣祖, 1567년에 즉위해 1608년에 세상을 떠남)의 조정에 출사하였다.

이때 병조판사 김귀영이 자신의 서출 딸을 이순신에게 첩으로 주려 하였으나, 이순신은 자신이 벼슬길에 갓 나선 몸으로 어찌 권세가에 기대어 의롭지 못한 영달을 구하겠는가 하며 고사하였다.

한번은 병조정랑 서익이 훈련원 안에 있던 자신과 가까운 관리를 서열을 건너뛴 자리에 천거하였다. 훈련원 업무를 맡고 있던 이순신은 일을 엄정히 처리하며 그의 말을 듣지 않았다. 서익은 사람됨이 강퍅하고 이기적이어서 동료들도 모두 두려워하는 자였다. 그는 이순신을 불러들여 뜰아래 세워두고 꾸짖었으나, 이순신은 말씨나 낯빛이 조금도 흔들림 없이 직언하기를 멈추지 않았다. 서익이 크게 노해 화를 내며 굴복시키려 하였다. 하지만 시종일관 침착한 태도로 응수하는 이순신을 끝내 막을 수 없었다고 한다.

조선 중엽은 세상의 도리가 점점 쇠퇴하던 때였다. 이 같은 때에 부귀와 사사로운 이익에 빠지지 않고 의연함을 잃지 않았던 그의 호걸다운 모습은 일찍부터 식자들 사이에 알려지게 되었다.

그림 2-3

함경도 지역에서 무공을 세운 장수들의 행적을 글과 그림으로 엮은
《북관유적도첩北關遺蹟圖帖》 속의 〈수책거적도守柵拒敵圖〉.
조산만호 이순신이 녹둔도에 쳐들어온 여진족을 물리친 일화를 담았다.

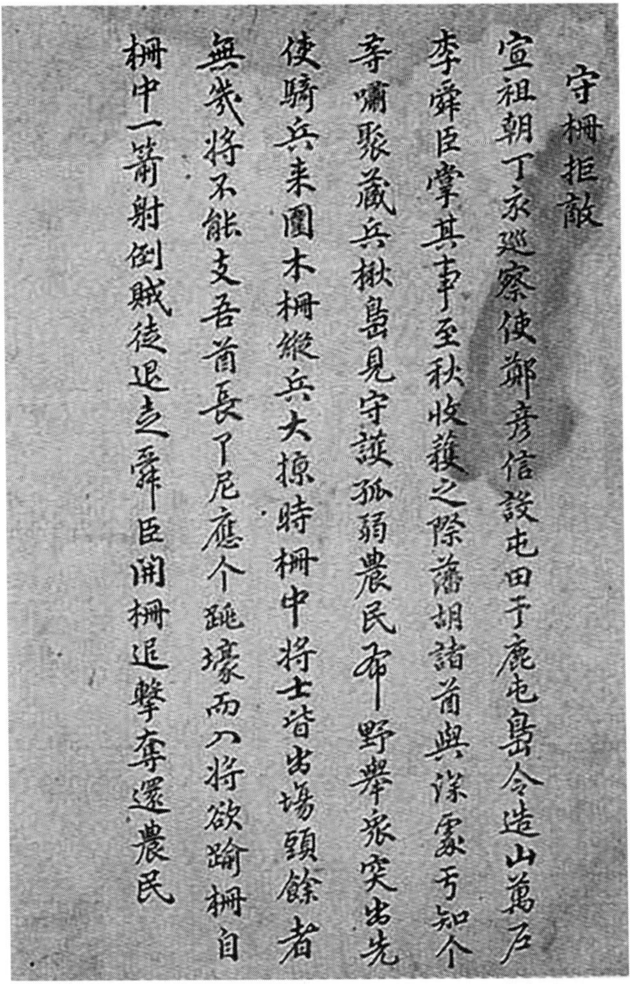

守柵拒敵

宣祖朝丁亥巡察使鄭彦信設屯田于鹿屯島令造山萬戶
李舜臣掌其事至秋收穫之際藩胡諸酋與㻚豪于知个
孝嘯聚藏兵楸島見守護孤弱農民而野擧衆突出先
使騎兵来圍木柵縱兵大掠時柵中將士皆出場頸餘者
無幾將不能支吾首長了尼應个跳壕而入將欲踰柵自
柵中一箭射倒賊徒退之舜臣開柵追撃奪還農民

그림 2-4

〈수책거적도〉 속 이순신의 활약을 글로 설명하고 있다.

그 후 이순신은 함경도 경흥부에서 관할하는 조산 만호에 임명되있다. 당시 북쪽 지방의 오랑캐가 자주 출몰하였는데, 이순신이 한 가지 꾀를 내어 오랑캐 장수 울지내를 유인하여 사로잡았다. 울지내를 병마절도사의 병영으로 보내 참수한 뒤 오랑캐의 우환이 차츰 줄어들었다.

함경도 순찰사 정언신이 이순신의 인재됨을 알아보고 이순신에게 명하여 녹둔도 둔전屯田을 지키게 하였다. 안개가 짙게 낀 어느 날이었다. 부하 병졸들이 밖에 나가 벼를 수확하느라 방책 안에는 겨우 10여 명의 병사만 남아 있었다. 이때 창졸간에 오랑캐가 말을 타고 쳐들어왔다. 이순신은 재빨리 문을 닫아걸고 방책 밖으로 유엽전柳葉箭을 쏘아 수십 명의 적을 연달아 죽였다. 오랑캐는 크게 놀라 달아났다. 이순신은 문을 열고 홀로 말을 몰아 적의 뒤를 추격하였다. 그리고 그들이 약탈해간 물건을 모두 빼앗아왔다.

이순신은 그의 무용이 이와 같음에도 불구하고 호걸답게 불의와 타협하지 않음으로써, 좁은 조정 안에서 하루하루의 안락함만 탐하는 겁 많고 유약한 높은 벼슬아치들과는 서로 용납할 수 없는 성격이었다. 그리하여 그는 10여 년을 찬바람 눈보라 속에서 허송하다가 46세가 되어서야 비로소 전라도 정읍현감이 되었다.

녹둔도와 조산 두 곳은 최근 조선 문제의 현안으로 등장
하였다. 그리하여 그 명칭의 연혁과 지세를 여기에 부기해두
지 않을 수 없다.

녹둔도는 경흥부에서 동남쪽으로 70리 떨어진 도문강圖
們江(두만강) 하구에 놓여 있으며, 조산보는 두만강에서 10리
떨어진 곳에 위치한다. 옛날에는 강물이 녹둔도의 남북을 둘
러싸고 두 줄기 모양을 이룸으로써 강 하구 한가운데 섬이 위
치하고 있었다. 청나라 영토와 녹둔도 사이를 흐르던 물줄기
는 강 모양이 바뀌면서 물줄기가 막혀 청나라 땅과 연결되어
버렸다. 강물 전부가 조선 영토 쪽 한쪽으로만 흐르게 되었
다. 자연히 녹둔도는 지형상 청나라 영토가 되었다. 1860년
청나라와 러시아 사이에 북경조약이 체결되었는데, 조약에
따라 동부 만주의 땅을 러시아에 할양하면서 녹둔도 역시 자
연스레 러시아령에 포함될 수밖에 없었다.

그러나 국경선 확정을 포함한 관할권 문제가 아주 애매
하였다. 청나라 조정에서 1886년 오대징吳大徵을 파견해 러시
아와 경계를 정할 때 비로소 녹둔도는 공식적으로 러시아 땅
으로 귀속되었다. 이 섬의 폭은 가장 넓은 곳 기준으로 동서

760미터, 남북 980미터이다. 지세가 평탄해 조산 쪽 강 언덕에서 바라보면 섬의 높이가 겨우 3미터 안팎의 평원을 이루고 있다. 땅이 기름져 기장, 피, 보리, 밤 등이 나는데, 현재 조선 사람 140여 호가 이주해 살고 있다. 섬 안에 거주하는 러시아 주민이나 관리는 없고, 다만 러시아와 청나라가 국경을 맞대고 있는 가장 동쪽 끝이기 때문에 러시아 수비군 7명이 주둔하며 순찰을 돈다.

조선 관리의 말에 의하면 녹둔도에서 러시아령 포시에트(러시아 병사 1천 명 주둔)까지는 90리, 연추烟秋*까지는 백 리(연추에는 러시아의 국경 관서가 자리 잡고 있으며, 포병 3백 명, 보병 2천 명이 주둔하고 있다), 경흥까지는 70리, 무이撫夷**까지는 40리, 러시아와 청나라 두 나라 사이의 국경선까지는 1,400미터쯤 된다.

1888년 주한 러시아 대사 베베르Wäber가 한러 육로통상장정陸路通商章程***을 체결할 때, 오로지 조약을 조속히 체결해 자신의 이름을 알리고 싶은 마음이 앞서, 아직 시장 개방이

---

*   러시아 연해주의 대표적인 한인 마을.
**   경흥부에 속한 무이보撫夷堡.
***   1888년 조선과 러시아 사이에 체결한 통상조약.

되지 않았던 경흥과 러시아 령 연해주 사이에 청나라 땅 혼춘이 돌출해 있는 것을 살피지 못하였다. 조약이 체결된 다음에야 비로소 경흥이 양국의 교역장으로 몹시 불편하다는 사실을 깨달았다. 그리하여 러시아는 경흥을 대신할 새로운 육로 개시장開市場으로 조산을 염두에 두고 한국 정부에 조회하였다. 그 후 조산 땅 또한 식자들의 주의를 끌게 되었다.

고금의 형세가 달라져 상전벽해의 세상이 된 오늘날 말갈 땅의 바람을 깨우고 장백산 구름을 거두어 평안히 해줄 이순신 같은 사람을 여럿 얻어 북방 오랑캐의 모래바람을 쓸어내고 싶을 뿐이다.

1591년 이순신은 정읍현감에서 전라좌도수군절도사로 발탁되어 순천부의 수영水營에 부임하였다. 이에 앞서 도요토미 히데요시는 조선을 공략한 다음 명나라로 쳐들어갈 생각을 가지고 있었다. 이해 봄에 조선 선조의 수신사 김성일과 황윤길이 일본에서 귀국할 때 국서를 작성해 그 뜻을 알렸다.

조선 정부는 크게 놀라 국방을 아는 인물들을 선택하여 요지를 지키게 하였다. 김수는 경상도관찰사, 이광은 전라도관찰사, 윤선각은 충청도관찰사에 임명되어, 급히들 성을 고치고 무기를 갖추었다. 전라도 수사는 동쪽으로 경상도를 보조하고 서북으로 멀리 충청과 경기를 아우르는 위치라서 몹시 중요한 자리였다.

정부도 크게 주의하며 마땅한 장수를 물색하게 되었다. 마침내 이순신이 당시의 명신 유성룡의 추천으로 일개 현감이라는 낮은 벼슬자리에서 여러 계단을 뛰어 그 자리에 오르게 되었다. 이순신은 나중에 일본 수군을 방어하고 격파해 조선에는 큰 영예를, 일본에는 큰 치욕을 안겨주었으니, 그 모든 발단은 실로 여기에서 비롯되었다.

이순신을 천거한 유성룡은 경상도 안동 사람으로 당시 좌의정이었지만, 그 후 선조가 평안도로 피난할 당시에 영의정에 임명되었다. 일생의 이력은 자세히 알기 어렵지만, 두세 가지 사실과 그의 저서 《징비록》을 살펴보건대 식견이 뛰어나고 문장이 뛰어난 조선 개국 이래의 손꼽힐 만한 선비라고 할 수 있을 것이다.

특히 이순신의 인물됨을 미천한 무리 가운데서 식별하여 하루아침에 나라가 국난에 직면했을 때 세상 사람들의 의혹을 물리치고 단호히 그를 발탁한 안목은 바라스 장군*이 코르시카 섬 출신의 포병사관이었던 나폴레옹의 재능을 알아보고 높이 천거했던 일과 비슷하다.

---

*   Paul Barras. 프랑스 혁명기의 정치가, 군인. 테르미도르 쿠데타의 주동자 가운데 한 사람으로 총재 정부의 지도자였다.

이순신의 인물됨이 본시부터 범상치 않고 탁월하였다 하더라도, 당시 유성룡이 보잘 것 없는 존재였다면 이순신의 용기와 지략도 초목과 같이 썩어갔을 것이다. 그뿐만 아니라 일본 수군은 북으로 진격하여 평안도 일대의 육군과 제휴함으로써 한순간에 한반도 전체를 손아귀에 넣었을 것이다. 후세의 누군가 이순신을 위해 붓을 쥐게 된다면 조선의 운명은 이순신 덕분에 회복될 수 있었고, 이순신의 용기와 지략은 유성룡 덕분에 세상에 드러날 수 있었음을 기록해야 할 것이다.

이순신이 아직 일본 수군과 싸우기에 앞서 경상우도 수군과 일본 수군 사이에 전투가 이미 시작되었다. 일본 수군의 장수들은 구키 요시타카九鬼嘉隆, 와키자카 야스하루脇坂安治, 가토 요시아키加藤嘉明, 도도 다카토라藤堂高虎, 구루시마 야스치카来島康親 등이었다. 그 재주가 육로 쪽 장수들에 미치지 못했을 뿐더러 병사의 수도 겨우 9,200명으로 육로군의 16분의 1에 불과하였다.

1592년 4월에 수군 장수들은 군대를 이끌고 부산을 출발하였다. 그들은 경상도 해안을 따라 서쪽으로 나아가 경상우도수군절도사 원균의 수군을 격파하였다. 도도 다카토라는 조선 수군의 배가 당도唐島(당도의 위치가 어딘지 해도, 조선

지도, 각 지방의 지지地誌 등을 조사했지만 확실치 않음)에 있다는 소식을 듣고 빠른 배로 습격해 백여 척을 나포하였다. 원균은 세가 불리함을 깨닫고 다시 싸움에 나서지 않았다. 그는 전함과 무기를 바닷속에 버리고 부하 장수인 옥포만호 이운룡, 영등포만호 이영남과 함께 4척의 배에 나눠 타고 남해도 바닷가에 이르러 육지로 달아나려 하였다.*

남해도는 북위 34도 50분, 동경 128도에 위치한 경상도 곤양현 남쪽 연안 부근에서 가장 큰 섬이다. 길이 15해리, 폭 13해리이며 섬의 형태는 조개처럼 생겼다. 서쪽은 전라도 순천부를 마주하고 있으며 그 사이의 바다를 윌리스 만Willes Gulf(여수만)이라고 부른다. 동북쪽 사천, 곤양현 및 적량도(창선도)와의 사이에 있는 만은 퍼비스 만Purvis Inlet(진주만)이다. 윌리스 만 동북쪽 입구에서부터 퍼비스 만으로 연결되는 수로는 아주 좁고 깊은데, 그 수로의 북쪽 해안에 위치한 포구가 노량이다. 남해도의 남쪽에는 반용강과 미조항의 두 항구가 있다. 두 항구 모두 수심 15미터 남짓의 정박지로 바다

---

*   여기에 묘사된 경상우도 수군과 일본 수군 사이의 전투는 우리 쪽 사서에는 등장하지 않는다. 《징비록》은 원균이 적의 규모에 놀라 전의를 잃고 스스로 백여 척의 배와 무기를 바닷속에 수장하였다고 적고 있다.

밑은 뻘을 이루고 있다.

이때 경상우도 수군 1만여 명이 거의 전부 궤멸 상태를 보이게 되자, 이운룡이 원균에게 '수사께서는 나라의 명을 받은 몸으로 마땅히 관할지를 사수해야 합니다. 또한 이곳은 호남과 호서의 목구멍으로 이 땅을 한번 잃으면 호남과 호서 모두 위험할지니, 전라 수사 이순신에게 원군을 청함이 가할 것입니다'라고 간언하였다.

원균은 그 말을 듣고 이영남을 보내 전라좌수사 이순신에게 도움을 청하였다. 이순신은 '수군은 각자 그 관할영역이 나누어져 있으니 조정의 명을 받기 전에는 함부로 경계를 넘을 수 없다'며 거절하였다. 원균은 다시 이영남을 보내 원군을 청하였다. 오고 가기를 무릇 수차례에 이르렀는데, 이영남이 돌아올 때마다 원균은 뱃머리에 서서 바라보다가 통곡하며 맞이했다고 한다.

이순신이 영역의 분계를 거론하며 쉽사리 원균의 청을 받아들이지 않은 것은 국가가 위난에 처했을 때 사소한 절차에 갇혀 행동하는 졸장부라는 의심을 받을 만하다. 하지만 담략이 크고 매사에 밝은 이순신이 어찌 이 같은 좁은 소견으로 일을 처리했으랴. 생각건대 전력을 기울여 방어에 나서지 않은 당시 원균의 비겁한 행동을 이순신은 달갑게 여기지 않았던 것 같다. 뿐만 아니라 원균의 의중 속에 이순신의 힘을 빌이 공을 세우려는 야심이 도사리고 있음을 간파하였기 때문에, 이순신은 그런 말로 원균의 겁많은 머릿속에 일침을 놓은 것이 아닐까 싶다. 이순신의 그 후의 모습은 그의 심사를 충분히 증명하고도 남는다.

일본 수군은 원균을 격파하고 함대를 셋으로 나누었다. 1함대는 당도에 본영을 설치하고 그곳에 정박하였다. 2함대는 거제도를 멀리 돌아 남해도 근처로 향하고, 3함대는 거제도 동쪽 바다를 장악하였다.

이순신은 일단 원균의 구원 요청을 거절하였으나 언제까지나 좌시할 수만은 없었다. 마침내 그는 전함 80여 척을 거느리고 거제도 바다에 와서 원균과 병력을 합쳤다. 광양현감 어영담을 수로 향도로 삼아 거제도 남쪽을 돌아 섬의 동쪽으로 나아갔다. 그곳에 있던 일본 함대를 만나 옥포에서 전투가 벌어진 것은 5월 7일이었다. 조선 수군은 일본 전선 26척을 불태워 패퇴시켰다. 이로써 일본 수군 3함대가 제일 먼저 패하였다.

거제도는 경상도 남해안에 위치한 큰 섬으로 과거와 현재는 물론 특히 앞으로 동양의 정세와 큰 관계가 있을 것으로 판단된다. 그래서 여기에 옥포의 지세를 기술함과 동시에 섬

전체의 위치와 무엇보다 중요하다고 믿는 항만의 상태를 언급해둔다.

거제도는 남북의 길이가 20해리, 동서의 폭이 13해리 크기이다. 남동쪽으로 멀리 쓰시마를 바라보고, 서쪽은 샤드웰 해만Shadwell Gulf에 면하고 있다. 고성현을 마주하는 서북은 실비아 내만Sylvia Basin, 진해현을 마주하는 북쪽은 마산포로 통하는 수로를 사이에 두고 웅천현과 마주한다. 섬 내의 호수는 약 5,200호, 인구는 약 2만 5천 명, 농토는 3,007결結 82부負 1속束이다.

죽림포는 섬의 조금 남쪽에 치우쳐 있는 만으로 북위 34도 50분 45초, 동경 128도 36분 54초에 위치한다. 만이 넓고 높은 산과 섬들이 에워싸고 있어 마치 큰 호수 같다. 만의 길이는 약 5해리, 폭은 2해리이며, 수심은 13 내지 14미터쯤 된다. 암초의 장애가 없는 실로 비길 데 없는 양항으로, 큰 함선 천여 척을 수용하기에 충분하다. 동쪽에 자리한 높은 산의 전면에 작은 산 하나가 돌출해 있다. 그곳 산마루에 성벽을 쌓고 산기슭에는 기와집이 늘어서 있는데, 다름 아닌 부사府使의 진鎭이 있던 곳이다. 포구에 부두를 쌓아 조선소를 만들었으며, 작은 산이 솟아 있는 부두의 양켠은 울창한 소나무숲이다. 풍경이 몹시 아름다운데 부두에서 진의 관문까지는 1해리 남짓한 거리다.

가배량만은 죽림포의 남방에 있으며, 북위 34도 47분 32초, 동경 128도 35분 25초에 위치한다. 만 입구의 남서쪽에 면한 봉암도가 만의 앞부분을 감싸고 있다. 따라서 사면이 둘러싸인 가장 좋은 입지의 정박지로 민가는 약 150호이며, 담수를 구할 수 있다. 우리 군함이 일찍부터 수심 5미터쯤 되는 이토질泥土質 바다에 정박하고 있다.

율포는 가배량만의 남쪽에 위치하며, 수군절도사의 주둔지였던 가배량에 해당한다. 해안의 수심은 5 내지 7미터쯤 되고, 또 하나의 좋은 정박지로서 저과미항보다 뛰어나다고 한다.

저과미항은 섬의 거의 남단에 해당하며, 북위 34도 43분 11초, 동경 128도 36분 53초 지점이다. 항구는 서남서 방향을 향하고 있다. 좌우로 높은 산이 솟아 있는데 북측이 가장 험준하다. 동쪽의 움푹 들어간 고개가 다대로 넘어가는 도로다. 남서쪽은 대덕도와 죽도가 감싸고 있어 가장 뛰어난 정박지다. 항내의 길이는 약 1해리 반, 수심은 7 내지 10미터이다. 해안의 이곳저곳에 민가 100여 호가 산재해 있다.

중앙항은 거제도의 동쪽 해안 브로턴Broughtton 곶에서 북서쪽 3해리 되는 곳에 자리한 풍랑을 피할 수 있는 좋은 정박지이다. 항구에 들어가는 항로는 수심이 깊고 장애물이 없다. 항구 이곳저곳의 수심은 9 내지 15미터이며, 바다 밑이 이토질이라서 정박에 적합하다. 일본 수군이 이순신의 선봉과 교전했던 옥포*는 아마도 이곳 항구이거나 혹은 이곳 부근일 것이다.

샤드웰 해만은 육지와 거제도 사이를 가르는 좁은 해협으로 북쪽의 실비아 내만과 이어진다. 실비아 내만은 거제도 북쪽에 위치한 큰 내만으로 시험 측량해보니 만내의 수심은 약 22미터 내외였다. 샤드웰 해만과 서로 통하는 좁은 수로는 폭이 약 5백 야드이고, 남북으로 뚫려 있다. 그 남쪽 입구 부근의 수심은 5미터, 북쪽 입구 부근의 수심은 7미터 남짓이다. 만의 북쪽 해안에 고성에서 거제로 건너가는 나루가 있는데, 이곳을 견내량이라고 부른다.

옥포 해전을 끝내고 이순신은 일본 수군의 한 함대가 남해도 부근에 있다는 말을 듣고 선수를 돌려 추적한 끝에 사천에서 싸우게 되었다. 이 싸움에서 전투 중에 날아온 탄환이 이순신의 왼쪽 어깨에 적중해 흐르는 피가 발꿈치까지 적시

---

* 중앙항은 지금의 장승포이고 옥포는 장승포 조금 북쪽에 인접해 있다.

었다. 그러나 이순신은 이를 말하지 않고 종일토록 싸움을 독려하며 분투해 일본 전선을 불태움으로써 많은 일본 병사가 물에 빠져 죽었다. 전투가 끝난 뒤에야 비로소 칼끝으로 살을 갈라 탄환을 끄집어내었는데, 탄환의 깊이가 6센티미터쯤 되었다. 곁에서 지켜보던 사람들은 모두 얼굴색이 변하며 떨었으나 이순신은 담소를 나누며 태연스러움을 잃지 않았다. 이 싸움으로 일본 수군 2함대는 큰 타격을 입었다. 승전 소식이 조선 조정에 올라가자 이순신은 가선대부를 제수 받았다.

이순신은 다시 함수를 동쪽으로 돌려 당포(고성현 서남단에 있는 오도만. 북위 34도 44분 51초, 동경 128도 27분 38초) 앞바다에서 일본 수군을 공격하였다. 이때 큰 함선 위에서 금관에 비단옷을 입고 지휘하던 한 일본 장수를 순천부사 권준이 화살을 쏘아 바다에 떨어뜨렸다. 이순신이 군사를 이끌고 나아가 일본 전선 12척을 불태움으로써 일본군은 크게 패하였다.

6월 4일에 전라우도수군절도사 이억기가 전선 25척을 거느리고 와서 이순신과 합류하였다. 이순신은 군사들을 거느리고 나아가 당항포에 이르렀다. 먼저 초계선을 보내 적정을 정찰케 하니 초계선이 바다 입구를 빠져나오면서 포를 쏘아 변고를 알렸다. 이순신이 급히 노를 저어 달려가 일본군을 격파하고 승리를 거두었다. 일본 전선 백여 척이 불에 탔는

데, 그 속에는 배 위에 3층 판각板閣을 설치한 대루선이 한 척 들어 있었다. 판각 밖에는 푸른 비단 장막을 늘어뜨리고 안에는 큰 청개靑蓋를 세워두었는데, 그 속에 흐릿한 모습으로 서 있던 장수 역시 어지러이 날아온 화살에 사살되었다. 이렇게 되어 일본 2함대는 전멸되었다. 첩보가 조정에 도달하자 이순신은 자헌대부, 이억기는 가선대부를 제수 받았다.

당도에 머물던 일본 수군 본영의 장수들은 이순신이 견내량에 정박해 있다는 소식을 듣고 7월 5일 밤 진중에 모여 술을 마시며 전략을 논의하였다. 와키자카 야스하루는 '먼저 거함巨艦 대포로 싸움을 도모한 다음 적의 배를 탈취하자'고 주장하였다. 가토 요시아키는 '그것은 겁을 집어먹고 도망치는 것과 같아서 그렇게 해서는 적선을 빼앗을 수 없다. 적선을 빼앗으려면 먼저 작은 배로 약하게 보인 다음 적 가까이 다가가 결전을 벌여야 한다. 그렇지 않으면 우리 수군 장졸들이 싸울 뜻이 없다고 하지 않겠는가' 하고 주장하였다. 이에 와키자카 야스하루가 다시 '이 일은 지극히 중대하다. 만일 수군이 한 번 지고 나면 육군 역시 위험할 것이다. 어찌 경거망동할 수 있겠는가' 하니, 가토 요시아키가 이 말을 듣고는 대로하였다. 도도 다카토라가 중간에서 화해를 시켰다.

모리 가쓰노부가 '여러 장수 모두 천리 해외에서 명을 받

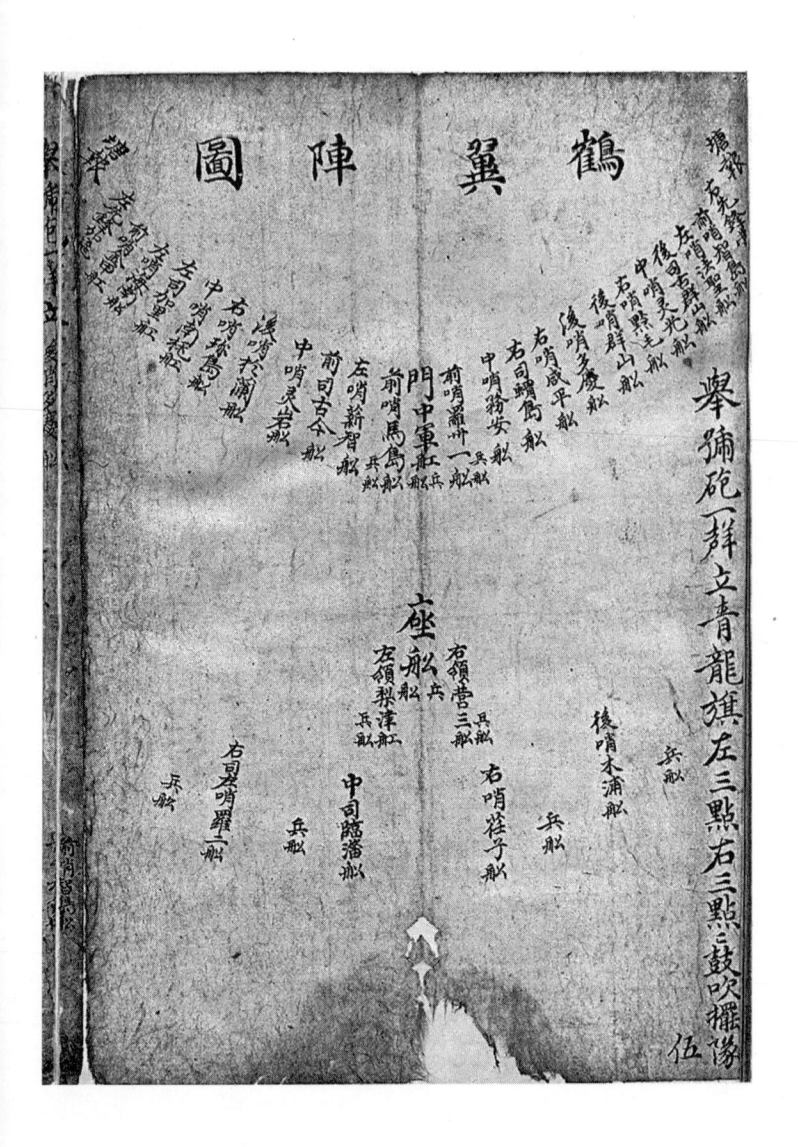

그림 2-5

《우수영 전진도첩戰陣圖帖》속에 들어 있는
학익진 모습. 1780년대 이후 작성된 것으로 추정됨.

고 있는 몸이오. 공적인 일에 도움이 되도록 힘써야 하오. 태합께는 이처럼 좋은 신하들이 많소. 왜 싸움을 두려워하겠소' 하고 말함으로써, 술잔이 돌기 시작하였다. 몇 순배 이어질 무렵 구키 요시타카가 '오늘 밤 삼경에 닻을 풀고 내일 아침에 진격할 테니 대소선은 모두 따르시오' 하였다.

그런데 가토 요시아키는 몰래 일어나 화장실에 가는 척하고 자신의 부하를 모아 때를 앞당겨 진격하였다. 이른 새벽에 견내량에 당도하여 빠른 배 3척으로 이순신의 함대를 공격해 전선 20척을 탈취하였다. 이어서 다른 일본 장수들도 공격해왔다.*

원균은 이전 싸움의 승리에 도취하여 곧바로 역습하려 하였다. 그러자 이순신이 '공은 병법을 잘 모르는 것 같소. 이곳은 바다 입구가 좁아 우리의 무기를 사용하기에 적합하지 않소. 마땅히 대해로 유인하여 적을 격파해야 하오' 하고 말하며, 곧 깃발을 올려 샤드웰 해만으로 함대를 이끌고 물러났

---

*　한산해전 당시 자신의 함대를 이끌고 먼저 출격한 장수는 와키자카 야스하루였다. 수군의 패전 소식을 들은 도요토미 히데요시는 육지에서 싸우던 와키자카 야스하루를 급파하여 구키 요시타카, 가토 요시아키 등과 함께 잔존 수군을 규합해 조선 수군을 토벌하도록 명령했다. 육군을 도우며 용인전투에서 큰 전과를 올렸던 와키자카 야스하루는 조선 수군을 깔보고 단독 출전을 감행하였다. 이 싸움의 첫머리에 일본군이 조선 수군의 배를 탈취한 일은 없었다. 또한 모리 가쓰노부는 육군을 이끈 장수로서 시마즈 요시히로와 함께 제4군의 핵심이었다.

그림 2-6

고서화 속의 거북선 그림. 임진전쟁 이후
거북선 기지창을 그린 그림으로 추정되며,
일본에서 발견된 것을 재미동포 윤원영 씨가
구입해 공개하였음.

다. 일본군이 조선군을 추격하여 만 한가운데 이르자 이순신은 기회를 엿보다가 쇠북을 한 번 두드렸다. 그러자 조선 수군이 일제히 방향을 바꾸어 좌우 날개를 펼치며 숙연히 해상에 정렬하였다.* 양군 함대가 거의 붙다시피 하여 거리가 겨우 수십 보에 불과하였다.

이순신은 임지로 부임하자마자 필생의 생각을 응축하여 거북선을 창제하였다. 배의 갑판을 단단한 널빤지로 덮고 쇠못을 친 다음 중간에 십자형의 좁은 길을 만들어 통행하도록 하였다. 나머지 부분에는 모두 칼송곳을 박아두었다. 배의 앞부분에는 용의 머리를, 고물에는 거북이 꼬리를 만들어 각각 포문을 설치하였다. 배의 측면 좌우 현에는 각각 6개의 구멍을 뚫어 포문으로 삼았다. 병사들을 배 밑에 숨겨두고 4면으로 철포를 발사할 수 있었다. 전시에는 띠로 이엉을 엮어 갑판을 덮음으로써 칼송곳이 보이지 않게 하였다. 적이 갑판에 오르려고 하면 송곳에 찔리게 되고, 적의 배가 포위하면 총포를 일제히 발사하였다. 앞으로 뒤로 옆으로 움직이는 신속함이 나는 새와 같았다.

---

* 한산해전에서 이순신이 사용한 학익진鶴翼陣을 설명하는 대목이다.

옥포와 당포 싸움에서 이 거북선을 사용하여 일본 수군을 제압하더니, 오늘 두 나라 군대가 매우 가까운 거리에서 전투를 펼치자 거북선은 신속히 대포를 쏘아대며 일본 전선을 격파하였다. 다른 배들도 모두 힘을 합쳐 일본 함대를 포위하니 화염 연기가 하늘을 덮었다. 일본 수군은 70여 척의 배를 잃었으며, 전사자는 셀 수조차 없었다. 구루시마 야스치카来島康親는 전사하고, 와키자카 야스하루는 고전 끝에 부하 군사의 대부분을 잃었다. 모든 장수들이 패주함으로써 일본 수군 1함대 역시 패배하였다. 승전 소식이 조정에 전해지자 이순신은 정헌대부에 제수되었다.

그 후 이순신은 한산도에 상주하며 거제도 근해를 장악하여 일본 수군의 서침을 막았다. 한산도는 거제도의 서쪽, 고성현의 남쪽에 있다.《수로지》에는 용초도, 비진도, 죽도 등의 여러 섬을 한산도라고 일컫는다고 되어 있지만, 조선지도를 보면 한산도라고 부르는 별도의 섬이 있다. 거제도의 서쪽, 고성현의 남쪽에 위치하는 까닭에 이 군도를 한산도라고 부르는 것은 분명하다. 또한 해도에 하포荷浦라고 기록된 섬이 하나 있지만, 하포는 포구 이름으로 섬 이름은 아니다. 이 섬의 위치가 조선지도에 기록된 한산도와 같은 위치인 점으로 보면, 하포는 곧 한산도일 것이다.

다음해 8월에 삼도수군통제사를 설치하고 이순신이 겸임하도록 하였다. 본영을 한산도로 정한 이순신은 한 채의 건물을 짓고 운주당이라고 이름 붙였다. 운주당에는 장수와 병사를 막론하고 누구든 자유로이 와서 의견을 개진할 수 있었다.

조선 조정은 나중에 통영을 거제도로 옮겼다가 다시 고성현의 두룡포로 옮겼다. 두룡포는 부산 서남쪽 35해리에 위치하며, 토지가 비옥해 쌀과 밤이 많이 생산된다. 만내의 수심이 깊고 양호해 정박지로 좋다. 지금의 이른바 통영은 이곳을 가리킨다.

한산해전이 끝난 뒤에도 양군 사이에 두세 차례 소규모 전투가 계속되었으나, 승리는 모두 이순신의 차지였다. 하지만 그 상황은 상세히 알 수 없다.

그보다도 한 가지 빠뜨릴 수 없는 일화가 전해온다. 어느 날 이순신이 바다를 한 바퀴 순찰하고 견내량에 이르렀다. 모든 선박이 닻을 내리고 밧줄을 매어두었는데, 이날 밤 달빛은 대낮과 같이 밝고 파도는 격렬하였다. 이순신은 갑옷을 입고 북을 베개 삼은 채로 잠시 잠에 들었다가 홀연히 일어나 앉았다. 그리고 술상을 들여 장수들을 불러 함께 마시며 말했다. '오늘 밤 달이 참 밝구나. 적군이 간사한 꾀를 잘 쓰니 달빛이 어두울 때도 본시 우리를 습격해오지만, 달이 밝을 때도 공격해올 테니 마땅히 경비를 엄히 하라.'

말을 마치고는 신호용 영각觥角을 불어 절반쯤 닻을 올린 채 전선이 대기하도록 하였다. 또한 척후선에 영을 내려 몰래 정찰을 돌도록 하였다. 야심한 시각에 달이 서산에 기울어 바다가 어두워지기 시작하자 무수히 많은 일본군이 어둠 속으로 쳐들어왔다. 척후선이 달려와 이를 알렸다. 그리하여 이순신의 중군中軍이 포를 쏘며 함성을 지르자 모든 배에서 일제히 이에 응하는 소리가 마치 천둥소리 같았다. 일본군은 습격에 대비하고 있는 줄을 알고 소총을 난발하며 물러갔다. 이러한 모습 역시 이순신이 재주가 뛰어나고 여유 있음을 증명해준다.

나는 여기서 잠시 기록자의 범위를 떠나 군사 전략가의 입장에서 두 나라 군대 전체의 승패를 가른 원인을 분석해보려고 한다. 신관神官이 직접 제사상에 올릴 요리를 하는 것이나 마찬가지의 월권행위일지라도 국외자의 논평이 도리어 세상 사람의 흥미를 야기할 수 있고 또한 그 지적이 더러 급소를 찔러 군사 전략가들에게 자극과 교훈을 줄 수도 있을 것이다.

당시 일본 수군 장수들은 전략을 구사하는 재주와 담력, 지혜가 서로 엇비슷하였다. 각자 공을 다투며 자신의 의견을 고집할 뿐, 다수의 재주와 지혜를 같은 모형 속에 녹여내어 일대세력을 조직함으로써 조선 수군에 맞서는 장수다운 장수가 없었다. 그리하여 전투가 벌어지면 갑 장수의 행동은 을 장수와 배치되고, 좌군의 진퇴는 우군과 어긋남을 피할 수 없었다. 이것이 패배의 첫째 원인이다.

패배의 둘째 원인은 함체의 크기가 작고 연약해 쉽게 부서지고 침몰한 점이다.

패배의 셋째 원인은 오로지 단병접전短兵接戰을 좋아해 큰 포를 충분히 갖추지 못했던 점이다.

패배의 넷째 원인은 병사들이 적어 한번 지면 원기를 회복하기 어려웠던 점이다.

한 가지 원인만 있어도 싸워 이기기 어렵거늘, 하물며 네 가지 원인을 모두 가지고 있었으니 그 승패는 이미 싸우기 전에 결정되어 있었던 것이다. 어찌 전투가 끝난 다음에야 승패를 판별하랴.

눈을 돌려 이순신의 군대를 살펴보자. 그는 동등한 신분에 동등한 권리를 갖고 있던 장수 원균과 이억기를 잘 다루었

一、松�📷ニ華楽嶋渡
嶋等ㇵ停無二早潮時
亦舳ノ文時舳ゞㇵ後口傳
一、尤思慕ㇾ八神陣貴ㇾ時ハ
何時ㇺ舳柄ㇵ有之事

右外罡尢衞門記之

武頭主船浦助

그림 2-7 (위)

1593년 6월 부산 앞바다에 진을 펴고 있는
구키 요시타카 휘하의 수군. 한가운데는
구키 요시타카가 승선한 아타케부네安宅船
니혼마루日本丸. 길이가 30미터에 이르렀다고
하나, 그림은 구조상 문제점이 많다고 한다.

그림 2-8 (오른쪽 아래)

왼쪽) 세키부네關船. 일본 수군의 주력 전선이었다.
아타케부네를 보조하며 쾌속성을 살려 순양함
역할을 하였다.
오른쪽) 고바야부네小早船. 빠르게 달리는
소형선으로 돌격용 또는 척후용으로 사용되었다.

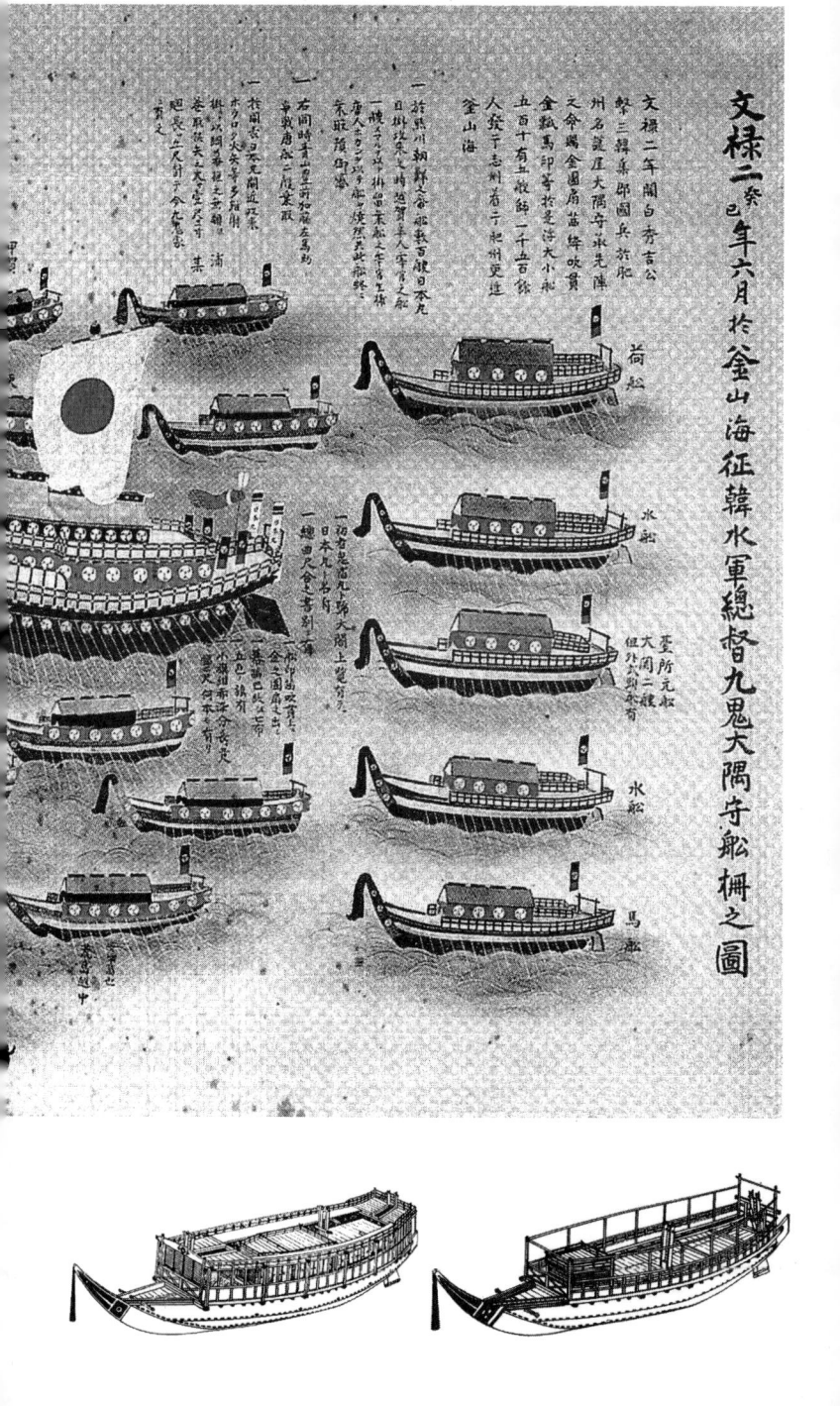

으며, 거북선을 창제하여 공격의 이기利器를 교묘히 활용하였다. 많은 거포巨砲를 비치하여 일본 전선을 크게 격침시켰을 뿐 아니라, 삼도수군통제사의 병권을 활용하여 대함대를 편성함으로써 큰 힘을 발휘하였다. 이는 모두 일본 장수들이 실행하지 못한 바를 실행한 것이며, 또한 일본 수군이 갖추지 못한 바를 갖추었다. 다못 이들 장점만 보아도 승패는 이미 결정되어 있었다고 할 수 있다.

견내량 전투에서 좁은 해협 입구를 피해 넓은 바다로 나간 다음 재빨리 함대의 진법을 바꾸어 일제 공격을 퍼부은 점과 야간에 척후선을 파송하여 우리 수군의 동정을 정찰한 일 같은 경우는 실로 현대 함대 전쟁의 상규와도 은연중 부합한다. 그 지략의 탁월함과 용의주밀함은 우리 장수들보다 훨씬 뛰어났다. 그런즉 두 나라 군대의 승패가 어찌 이유가 없다 하겠는가. 나의 말이 얼토당토않다면 모르되 만일 불행히도 맞다면 나중에 해군에 종사하려는 사람은 잘 새겨두지 않으면 안될 것이다.

수군 승패의 영향이 단지 좁은 범위에 그치고 만다면 그 승리를 지나치게 부풀릴 것도 없고, 패배를 한탄할 것도 없다. 하지만 조선 침공에 나선 일본 군의 실패는 실로 수군이 미약했던 것이 중요한 원인이 되었으니, 나의 안타까운 마음은 거제 바다의 물과 그 깊이를 다툴 것이다.

　당시 일본 육군의 상황을 잠시 서술하여 수군과 육군을 대비해보겠다.

　앞서 일본 육군의 장수 고니시 유키나가는 경상좌도의 각지를 함락한 후 조령을 넘어 충청도 충주에 이르고, 가토 기요마사는 경상우도의 군들을 함락시킨 다음 충주에 이르렀으며, 함께 진격해 한양을 손에 넣은 것이 이미 임진년 5월 초순이었다. 이어서 가토 기요마사는 함경도를 돌아 회령 지방에 이르렀으며, 고니시 유키나가는 평안도를 돌아 6월 중순에 마침내 평양을 함락시켰다. 이로써 경기, 충청, 평안, 함경, 경상, 황해의 6도를 거의 일본이 장악하게 되었다.

　이때 고니시 유키나가의 의견은 전군을 한데 모아 압록강을 넘어 일거에 요동을 공략하자는 것이었다. 이에 반해 총대장 우키타 히데이에는 전라도와 강원도가 아직 수중에 들어오지 않은 상태로 군대를 움직여 너무 깊숙이 들어가면 불리하므로, 수군이 전라도를 돌아 황해에 진출하기를 기다렸다가 수륙병진水陸竝進함이 상책이라는 의견이었다. 두 가지 의견이 서로 충돌하였으므로, 고니시 유키나가는 홀로 진격할 수 없어 평양을 지키며 수군이 도착하기를 거의 7개월 동안이나 기다렸다.

　하지만 우키타 히데이에의 공상이 완전히 수포로 돌아갈 줄을 누가 알았으랴. 뱃머리에 익조 모양을 새기고 비단 돛을 단 일본 수군의 배가 아직 황해상에 나타나기도 전에, 먼저 명나라 군대가 압록강을 넘어 창검을 번뜩이며 우뢰처럼 질주해올 줄을.

　일본 수군의 힘이 강했더라면 늦어도 8월까지는 대동강에 도착하였을 것이다. 수륙병진하며 함께 정복에 나섰다면, 적어도 그해 안에는 8도를 점유하였을 것이다. 또한 육해 전군의 힘으로 방어에 임하였더라면, 압록강 동쪽의 땅이 절대로 명나라 군의 말굽 아래 유린당하지 않았을 것이다.

　일본 수군은 장수다운 재목을 갖지 못하였고, 선체가 작고 연약하였으며, 병사의 수가 적었다. 이와 같은 이유 때문에 거제 바다에서 대패하고 말았다. 그 결과 앞으로 나아가 육군의 날개가 되어 팔도를 일본의 판도 속에 넣지 못하고, 뒤로 물러나 수군과 육군이 상응하며 명나라 병사를 방어하지 못하였다. 안으로는 도요토미 히데요시의 웅지를 그림 속의 떡으로 만들고, 밖으로는 한반도의 좁은 해협에 천추의 치욕을 남기게 되었다. 이를 생각하면 팔을 걷어붙이고 처연한 마음으로 창자를 끊어버리고 싶다.

이순신이 한산도에 주둔하며 일본 수군을 방어한 지 5년이 지났을 때의 일이다. 정유전쟁이 시작된 첫해에 조정은 이순신을 체포해 옥에 가두었다. 경상우수사 원균은 처음에는 이순신이 자신을 구원해준 것을 고맙게 생각해 제법 친밀히 대하였지만, 그 후 점차 교만한 마음이 생겨 두 사람 사이가 냉담해졌다. 원균은 성정이 음험하고 교활하였는데, 내외의 여러 사람과 결탁해 이순신을 무고하는 데 온 힘을 쏟았다. 그는 이순신이 처음에는 일본군과 싸울 뜻이 없었는데 자신의 권고를 받아 싸워 이겼으므로, 승전의 가장 큰 공은 자신에게 있다는 말을 공공연히 유포하였다.

이 무렵은 조정의 의견도 둘로 나뉘어 더러는 원균을 편들고 더러는 이순신을 편들었다. 유성룡 같은 사람도 이순신을 공격하였다. 오직 우의정 이원익만이 '이순신과 원균의 관할지역이 각기 다른데 초기에 전의가 없었다 해도 문제될 게 없다'며 이순신을 변호하였다. 그리하여 이순신은 그 지위를 겨우 지킬 수 있었다.

그런데 정유전쟁이 일어나 일본 장수들이 다시 바다를 건너오게 되었다. 이때 고니시 유키나가가 경상우병사 김응서의 진영에 사람을 보내 자신의 뜻을 전하였다. 그 내용은 '거의 이루어진 화의를 깬 자는 가토 기요마사인데 곤혹스럽다. 며칠날 가토 기요마사가 단독으로 자신의 군대를 이끌고 바다를 건널 것이니, 만일 그들을 해상에서 요격하면 쉽사리 포획할 수 있을 것이다'는 것이었다.

고니시의 의중이 이순신을 끌어들여 자신들이 이전에 당한 패배의 치욕을 갚기 위한 계략이었는지 혹은 가토를 몹시 질투해 이순신으로 하여금 그를 요격하도록 하기 위한 것이었는지, 지금은 명확히 알기 어렵다. 하지만 고니시의 성격과 평소 두 장수의 사이가 좋지 않았던 점으로 보자면 후자가 맞지 않을까 싶다.

김응서는 들은 사실을 조정에 보고하였다. 선조는 이내 이순신에게 가토 가요마사의 군대를 요격할 것을 명령하였다. 훈령을 접한 이순신은 그것이 일본군의 속임수가 아닐까 의심해 여러 날을 지체하였다. 그 사이에 가토는 부산에 도착하고 말았다. 일이 이렇게 되자 조정의 간관이 모두 일어나 이순신을 국문할 것을 청하고, 경상도 현풍의 박성 같은 자는 이순신의 목을 베라고 상소하였다. 조정은 의금부도사를 보내 이순신을 체포하여 한양에 감금하였다. 그리고 원균을 통제사에 임명해 이순신의 뒤를 잇도록 하였다.

선조는 간관의 말과 박성의 상소가 맞는지 의심하여 성균관 사성인 남이신을 한산도에 파송해 사실을 조사하게 하였다. 남이신이 전라도에 들어서니 헤아릴 수 없이 많은 병사들과 백성들이 진로를 막고 이순신의 원통함을 호소하였다. 남이신은 자신이 들은 많은 사람들의 이야기와 진실을 은폐하고, 가토 기요마사가 해도海島에서 7일을 지체하였으나 이순신이 움직이지 않아 싸울 기회를 잃어버렸다고 상주하였다.

선조는 대신에게 명하여 이순신의 죄를 묻게 하였다. 판중추부사 성탁은 '이순신은 명장입니다. 진퇴의 기회를 잃어버렸을 리 없으며 군기軍機의 이해는 국외자가 판단할 바 아니니, 의당 그 죄를 사하여 다시금 공을 세우도록 하소서' 하고 의견을 밝혔다. 선조가 그 뜻을 가납하여 사형을 감하고 관직을 삭탈한 다음 백의白衣로 종군해 속죄하게 하였다.

이순신이 옥에 갇히자 옥졸이 이순신의 조카인 이분에게 뇌물을 쓰면 죽음을 면할 것이라고 몰래 말하였다. 이순신이 이 말을 듣고 대로하여 대장부가 죽을 일을 당해 죽거늘 어찌 도리를 어기며 구차히 삶을 도모하겠느냐고 꾸짖었다.

이순신의 노모는 충청도 아산에 있다가 이순신이 옥에 갇혔다는 말을 듣고 큰 걱정으로 병을 얻어 세상을 떠났다. 이순신은 옥문을 나오는 길로 묘소를 찾아 통곡하였다.* 그런

* 백의종군을 위해 이순신이 옥문을 나섰을 때 이순신의 어머니는
  전라좌수영이 있던 여수에 기거하다 아들을 만나기 위해 서해 뱃길로

다음 소복을 입고 도원수 권율의 막하에 들어가니 때는 그해 3월이었다.

　내 일찍이 당시 조선의 형세를 살펴보자니 마치 중국 송나라가 수도를 양자강 남쪽으로 천도하던 해와 비슷하였다. 비록 사정의 급한 정도와 시기는 다르지만, 원균과 남이신 등이 이순신의 공을 질투해 무고 모함한 것은 실로 막수유莫須有의 의옥疑獄*을 야기한 진회秦檜의 아류였다. 일본 수군을 격파한 이순신의 위훈은 그들 금나라 사람들이 '산을 흔들기는 쉬워도 악비岳飛의 군대를 흔들기는 어렵구나' 하고 찬탄했던 악비와 흡사하다. 뿐만 아니라 모함당한 이순신을 결백한 몸임에도 불구하고 감금하는 치욕을 안긴 의금부의 처사는 송나라의 옥사와 무엇이 다르랴. 다만 악비는 불행하게도 간신배들이 꾸며 만든 죄의 사슬을 벗어나지 못하고 고토를 회복하려는 웅지를 접은 채 옥중의 의로운 귀신이 되고 말았으나,

　　올라오고 있었다. 그러던 중 기력이 쇠해 배 안에서 세상을 떴다. 아산에
　　이르러 청천벽력 같은 소식을 들은 이순신은 서둘러 어머니의 장례를
　　치러야 했으며, 장례 의식을 채 마치기도 전에 다시 백의종군 길에 올랐다.
＊　　막수유莫須有는 '반드시 없다고는 할 수 없다'는 뜻이다. 송나라의 권신
　　진회秦檜가 금나라와의 전투에서 큰 공을 세운 장군 악비岳飛를 억지 모함하여
　　벌인 옥사를 가리킨다. 누명을 쓰고 죽은 악비는 중국 민족의 영웅으로
　　존경받고 있지만, 진회는 간신의 대명사가 되었다.

이순신은 정탁 등의 도움을 받아 다시 밝은 세상을 보게 되었으니, 이는 이순신 개인의 행운일 뿐 아니라 조선 왕의 행운이었다 할 수 있다.

도요토미 히데요시는 임진전쟁 당시의 일본 수군의 미약함을 깨달아, 정유전쟁에 돌입하면서 전선을 더 많이 만들고 병사의 수를 늘렸다. 그렇지만 장수들의 대부분은 이전 전투에 출전했던 장수들이었다.

일본 수군을 방어할 임무를 맡은 조선 장수는 원균이었다. 원균은 이순신 대신 통제사가 되어 한산도에 부임하자 곧바로 전임자의 규율을 변경하고 이순신이 임명한 사람은 장교와 사졸을 가리지 않고 모두 파면하였다. 또한 애첩을 진중에 끌어들여 겹울타리로 안팎을 격리시킨 채 허구헌 날 술과 계집질에 탐닉하였다. 장수들을 접견조차 하지 않으니 군심이 크게 이반하였으며, 장수들 모두 원균을 멸시해 그의 명령을 따르지 않게 되었다.

잠시 두 나라 군대의 모습을 평해보자면 일본 수군의 수족은 임진년에 비해 강해졌으나 두뇌는 의연히 옛날과 다르지 않았으며, 조선 수군의 수족은 일찍이 적을 물리쳐 승리를 거두던 때의 힘을 지니고 있었으나 그 두뇌는 썩은 해골로 바

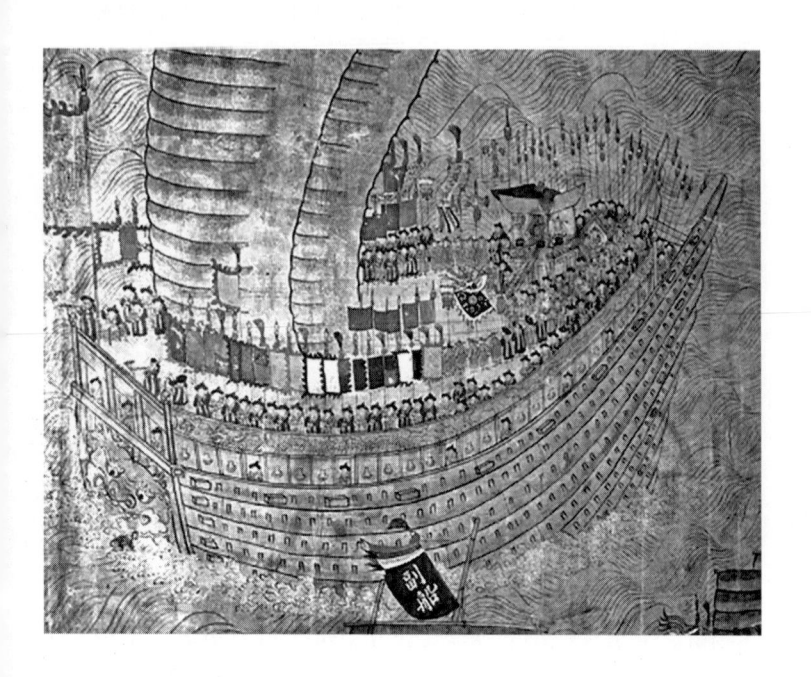

그림 2-9

판옥선은 16세기 중엽부터 건조하기 시작한 배로 조선시대
군함 가운데 규모가 가장 컸다. 갑판을 높여 2층 구조로 만든 것이
특징이다. 2백여 명의 많은 인원이 승선할 수 있었다.

꿰어 있었다.

7월 어느 날이 되어 일본 장수들은 당도에 정박해 있던 원균의 한 함대를 공격하였다. 조선 수군은 수백 척의 배로 맞서 싸웠다. 일본 선봉장 도도 다카토라와 와키자카 야스하루가 창을 휘두르며 분전하는 현장에 가토 요시아키가 뒤늦게 도착하였다. 조선군의 큰 전함에 타고 있던 병사들이 활을 당겨 그를 쏘려 하였다. 가토 요시아키는 칼을 빼들고 조선 전함에 뛰어올라 입구에 있던 병사들의 목을 베고 마침내 그 배를 빼앗았다. 다른 장수들도 이를 보고 더욱 분전하여 조선 수군을 크게 파하였다.

잔병을 수습해 한산도에 들어간 원균은 지키기만 하고 나와 싸우지 않았다. 순찰사 권율은 나가 싸우라고 매일 원균을 재촉하였다. 원균은 전에 이순신이 머뭇거리다 출병의 기회를 그르쳤다고 탄핵해 자신이 대신 그 자리를 차지하였으므로, 당장의 싸움이 불리함을 알았지만 감히 명령을 거역할 수 없었다. 그리하여 마침내 같은 달 6일에 모든 함대를 거느리고 부산으로 향하였다.

이때 고니시 유키나가는 전라도에 상륙할 예정이었으나 마침 원균이 온다는 말을 듣고 군사들을 가덕도(북위 35도 3분, 동경 128도 49분에 위치. 경상도 웅천현의 남쪽 바다에 있는 길

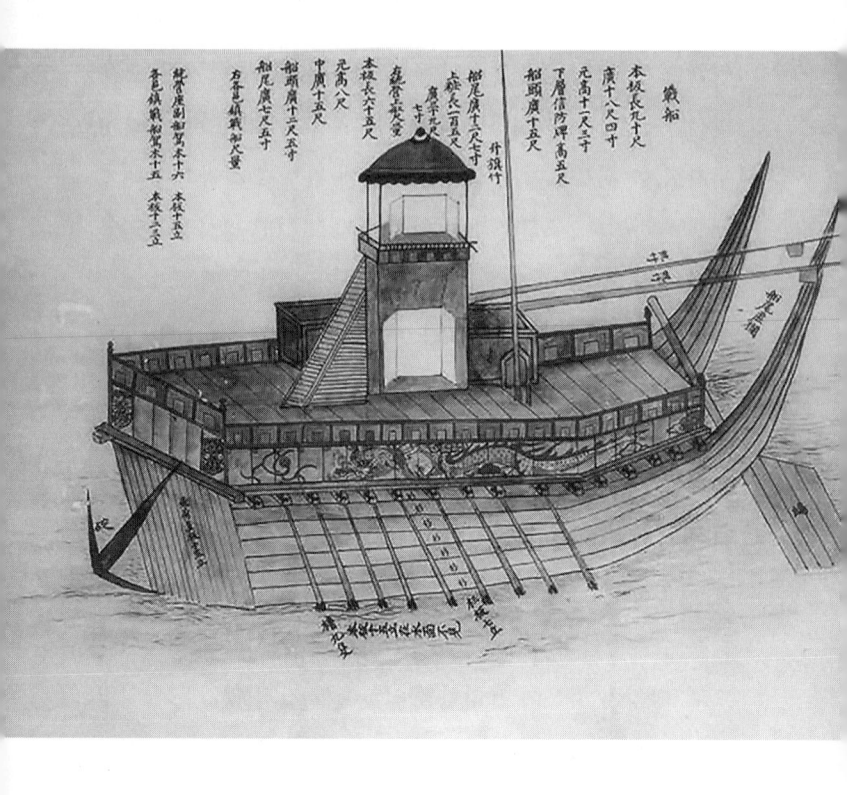

그림 2-10
조선 후기의 것으로 추정되는
《각선도본各船圖本》속의 판옥선 개념도.

本板長五十七尺
中廣十三尺
頭廣十尺
尾廣七尺五寸
元高十一尺
頭高十尺
尾高九尺五寸

漕船

그림 2-11

《각선도본(各船圖本)》에 실려 있는 조운선. 판옥선이
조운선의 크기를 키우고 개량 발전시킨 것임을 알 수 있다.

이 약 4해리, 북단의 폭 3해리 크기의 이등변삼각형 모양의 섬이다. 정박지는 서안의 웅천만에 있는데, 물에 잠기는 홀수가 5미터 남짓인 배 두세 척이 들어설 수 있을 뿐이다)에 매복시키고, 수군으로 하여금 절영도(부산항의 중앙에 있는 큰 섬으로 북서에서 남동에 이르는 길이가 4해리 가까이 된다. 섬에는 두 군데의 정박지가 있는데, 북쪽 정박지는 사방의 바람을 막을 수 있어서 무역항이 되었다)에서 역습하도록 하였다.

원균이 절영도에 이르니 바람이 불고 파도가 크게 일었다. 하늘의 빛깔은 이미 어둡고 배를 댈 곳조차 없는 상황에서 일본 수군이 출몰함을 보고 군대를 재촉해 나아가 전투가 벌어졌다. 이날 원균의 수군은 한산도를 출발해 하루 종일 노를 젓느라 잠시도 쉬지 못하였다. 모두들 갈증이 심하고 피곤해 배를 움직일 수조차 없었다. 모든 함선이 규율을 잃고 전후좌우로 왔다갔다하는데, 이를 간파한 일본 수군은 교전하지 아니하고 거짓으로 피해 달아났다.

이미 밤은 더욱 깊어지고 풍랑이 한결 거세지니 원균의 수군은 사방으로 흩어져 표류하게 되었다. 원균은 남은 배를 수습해 가덕도로 퇴각하였다. 기갈에 시달리던 군사들은 다투어 섬에 올라 물을 마셨다.

이때 갑자기 일본 복병이 섬 안에서 몰려나와 장수와 병사 4백여 명을 도륙하였다. 원균은 다시 후퇴하여 칠천도(실비아 내만에 위치한 월요도로 추정. 남북 길이 약 3해리, 폭 1해리 4분의 1이며, 섬의 양측면에 각각 만이 있다)에 이르러 진을 쳤다. 이때 권율은 고성에 머물고 있었는데, 원균이 패주하였다는 소식을 듣고 격노하여 원균을 불러 장형의 벌을 가하였다. 그리고 군을 독려해 다시 출진하라는 영을 내렸다.

원균은 크게 분하여 진중에 돌아온 다음 술만 마실 뿐 취해 드러누워서는 일체 군무를 살피지 않았다. 고니시 유키나가가 이를 탐지하고 16일 여명에 급습하니 원균의 군대는 궤멸되고 말았다. 원균은 가까스로 달아나 해변에 닿은 다음 배를 버리고 해안 언덕으로 올라갔다. 몸이 뚱뚱하고 둔해 달릴 수조차 없던 그는 소나무 아래 주저앉고 말았다. 좌우 병사들은 모두 도망쳐버렸으며, 마침내 원균은 피살되었다.

전라우수사 이억기 역시 물에 빠져 죽었다. 원균 밑에 있던 경상우수사 배설은 원균이 칠천도에 정박할 때 그곳은 바닷물이 얕아 배를 정박하기에 부적당하니 다른 곳으로 옮겨야 한다고 간언하였다. 원균이 듣지 않자 그는 몰래 한 곳을 택해 지켜보고 있다가 이윽고 일본군이 내습함을 보고 닻을 거두어 먼저 달아났다. 그래서 배설의 군대만 홀로 보전되었다. 배설은 한산도에 돌아와 병영 건물, 양곡, 무기를 모두 불태우고, 섬사람들에게 명하여 일본군을 피하게 했다.

고니시 유기나가는 승기를 잡고 서쪽을 향해 나아가며 남해, 순천 등의 여러 성을 함락시켰다. 이어서 두치진에 상륙해 남원을 포위하니 전라도가 크게 진동하였다.

생각해보니 지금껏 일본 수군의 패배를 기술하느라 벼루못에 고르지 못한 잔물결이 일고 종이 머리에서 불쾌한 소리가 들려왔다. 이곳에 이르러 비로소 찌푸린 얼굴을 펴고 무수한 마음속의 근심을 몰아낼 수 있었으며, 완연히 어두운 안개를 걷어냄으로써 밝은 해를 볼 수 있었다. 나라를 고칠 명의가 나와 고질병을 치유하는 줄 생각했더니, 누가 알았으랴. 이러한 유쾌함도 한순간의 몽환으로 돌아가 버리고 다시금 우울한 자극이 전신을 마비시키게 될 줄을.

원균의 패배 소식이 조정에 이르니 조선의 조야朝野는 대경실색하였다. 선조가 신하들을 불러들여 대책을 물었으나 아무도 대응할 바를 알지 못하였다. 경림군 김명원, 병조판서 이항복 등은 이는 원균의 죄이니 이순신을 다시 등용해 통제사로 삼을 것을 상주하였다. 선조는 그들의 의견에 따라 이순신에게 통제사를 제수하였다.

이순신은 명을 듣고 필마단기로 경상도 진주에서 순천부 회령포로 달려갔다. 선박과 무기는 모두 사라져 남은 게 없었다. 그런 끝에 배설이 인솔하였던 전함 8척과 마도의 전함 1척, 그리고 전라우수사 김억추가 거느린 전함을 연합하여 겨우 13척으로 이루어진 함대를 형성할 수 있었다.

이때 민간인 배를 타고 해안 지방으로 피난 온 백성들의 수를 헤아리기 어려웠는데, 그들은 이순신이 돌아왔다는 말을 듣고 모두 기쁜 낯으로 달려와 이순신에게 의지하였다. 이순신은 그들 백성들이 배후에서 수군을 성원하게 하였다. 그리고 함대를 인솔하고 진도 벽파정 아래 이르러 오직 공격 준비에 몰두하였다. 이순신의 명예로운 두 번째 활약은 여기에서 그 실마리를 열었다.

진도는 전라도 해남현 곁에 있는 섬으로 워싱턴 만 Washington Gulf 의 서쪽에 위치한다. 북위 34도 24분, 동경 126도 14분, 높은 산은 450여 미터에 이르는데, 남쪽과 동쪽 양방향에서 바라보면 매부리코 모양이다. 섬의 동북쪽에 벽파정이 있는데 인가는 약 60호로 진도부사의 관할 아래 있다. 벽파정과 해남현 삼주원 사이는 워싱턴 만과 목포 내해를 연결하는 명량해협의 남동쪽 입구이다. 해협의 폭은 약 1해리 반이다. 북쪽의 지세는 산악이 이어져 있고, 남쪽은 설앙산과 벽파정 앞의 감부도, 동쪽은 길게 뻗친 해남 쪽 해안이다. 수심은 4 내지 9미터이며, 바다 밑이 이토질로 되어 있어 포함의 정박이 가능하다.

워싱턴 만은 대략 북위 34도 29분, 동경 126도 25분에 위치한다. 동서 약 4해리, 남북 4해리 반인데, 만의 입구는 남서쪽을 향하고 있다. 만내의 수심은 2미터에서 13미터에 이른다. 서쪽은 진도가 막고 있고, 북동쪽은 해남 지방과 경계를 이룬다. 만의 중앙에 남서에서부터 남동에 이르는 편남풍을 막는 땅은 없어도, 북방에서 불어오는 바람을 막는 최적의 피항지이다.

일본 수군은 원균을 격파하고 나서 멀리 전라도 바다에 진출한 다음 충청과 경기를 치고자 하였다. 9월 16일에 선봉장 간 마사카게는 함선 2백여 척을 이끌고 워싱턴 만에서 명량도로 나아갔다.

이순신은 명량도 입구의 석량에 철쇄를 횡단해 걸쳐두고 기다렸다. 간 마사카게의 선봉이 철쇄 위를 통과할 때 철쇄를 끌어당겨 배를 전복시켰다. 뒤를 따르던 배들은 앞배가 침몰하는 것을 보고 노의 방향을 돌리려고 하였다. 하지만 바닷물의 흐름이 빨라 배를 돌리지 못해 명량도 입구에서 일시에 전

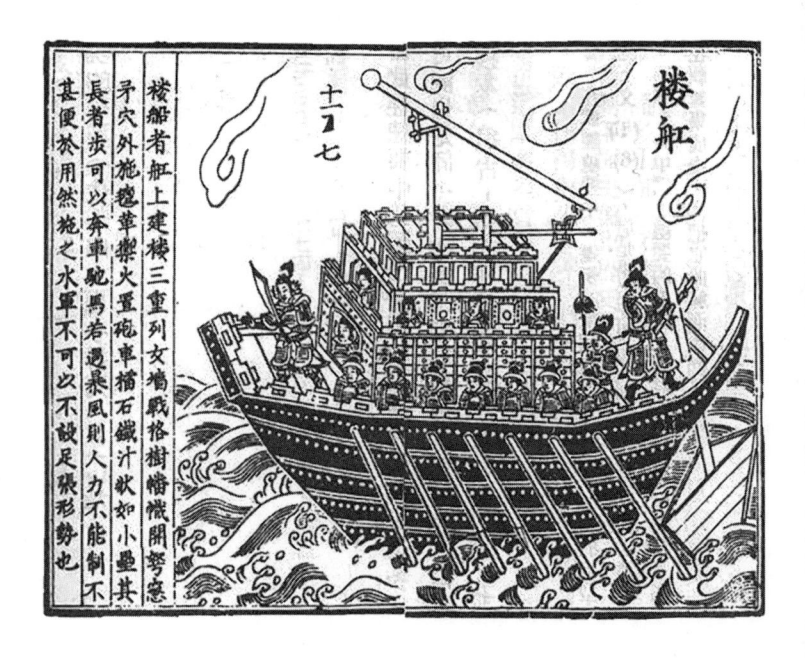

갑판 위에 3층의 다락이 설치된 명나라 수군의 누선.
중국에서는 춘추전국시대부터 다양한 형태의 누선이 사용되었다.

복된 배의 수효를 헤아릴 수조차 없었다. 이 틈을 타고 이순신은 함대를 이끌고 화포를 쏘아대는 한편 조류의 흐름을 이용해 공격을 퍼부었다. 일본 수군은 크게 패하였으며, 간 마사카게는 전사하였다.[*] 이순신의 군대는 크게 위용을 떨쳤다.

벽파정 싸움에서 일본군이 패하였지만, 그것이 일본 수군 전체의 운명을 좌우할 만한 격전이거나 다시는 일어설 수 없는 대패는 아니었다. 하지만 일본 장수들은 그 후 수개월 동안 바닷가 무인도에 표박하며 한가로이 갈매기나 상대할 뿐, 전열을 정비하여 이순신과 일대 결전을 벌이지 않았다. 패배의 치욕을 설욕할 용기가 없었던 것은 왜인가. 그 비열하고 비겁한 거동은 수백 년이 흐른 지금도 그들의 살을 찢고 뼈를 깎고 그들의 살가죽 위에서 자고 싶은 생각을 갖게 한다.

1598년 2월 17일 이순신은 고금도로 진을 옮겼다. 고금도는 전라도 강진현의 남쪽에 위치하며 북위 34도 25분, 동경 126도 50분에 해당한다. 동쪽은 조약도에 면하고 서쪽은 완도에 면하고 남쪽은 신지도(또는 녹도라고도 일컬으며 길이 7

---

[*] 명량해전에서 전사한 일본 수군 장수의 이름은 《난중일기》에는 마다시馬多時로 나온다. 대체로 구루시마 미치후사來島通總라고 알려져 있다.

해리, 가장 넓은 폭 3해리 반에 서쪽 끝에 높이 3백여 미터의 산봉우리가 솟아 있다)에 면한다. 이 세 섬의 가운데 위치한 만을 장직로라고 하는데, 수심은 10 내지 27미터 남짓이다. 장직로의 동쪽 입구는 1해리, 서쪽 입구는 2분의 1마일로 수십 척의 큰 함선이 정박할 수 있다. 종래의 수지해도水誌海圖에는 고금도가 조약도라는 하나의 섬으로 되어 있는데, 최근 들어 인설트라는 이름이 붙었다.

인천에 주재하던 일본의 한 경비함장은 지난 1889년 8월과 1891년 9월경에 청나라 함대가 고금도에 기항했다는 말을 듣고 작년에 두 번 이 섬에 가서 실제 지세를 살펴보았다. 그리하여 비로소 소위 인설트 섬은 고금도와 조약도 두 섬으로 완전히 분리되어 있고, 두 섬 사이는 안전한 해협(수심 10 내지 22미터)이며 해협의 북쪽에 다른 수로가 형성되어 있어 북쪽 해만과 통하는 사실을 발견하였다. 또한 섬 주민들의 말에 의하면 1889년 8,9월경 러시아 함선 한 척이 이곳에 입항했다고 한다.

요컨대 동양의 풍운이 아침에 비린 파도가 몰려오듯 위태로운 시절이니, 조선 남해의 모든 섬들이야말로 실로 어지러운 충격에 휩싸일 가능성이 있다. 그러니 우리 해군이 이들 섬과 연안을 자세히 측량해 아직 음산한 비가 내리지 않은 때에 미리 빈틈없이 준비해주었으면 하는 희망을 품어본다. 또한 이곳을 측량함에 있어 우리가 제일착의 지위를 차지해 저들 청나라와 러시아 함선의 뒤를 따르는 일이 없기를 바란다.

우리 경비함장의 의견 덕분에 고금도를 발견한 것은 참으로 다행한 일이다. 만일 다른 나라 군함이 이곳을 발견하였다면 일본 해군은 제국에 대한 부주의의 책임을 면키 어려울 뿐더러, 세계 각국에 대해서도 불명예라는 공격을 받지 않을 수 없을 것이다.

고금도에 진을 친 이순신에게 가장 큰 걱정거리는 식량의 부족이었다. 그리하여 해로 통행 면장免狀을 발급하여 3도의 선박이 모두 소지하게 하고, 면장이 없으면 간첩으로 간주해 죄를 묻도록 영을 내렸다. 피난 온 선박들이 모두 곧바로 달려와 면장을 요청하였다. 이순신은 선박의 크기를 3단계로 나누어, 대선은 쌀 3석, 중선은 2석, 소선은 1석을 징수하고 면장을 교부하였다. 10여일 만에 양식 1만여 석이 모였다. 이순신은 또한 어민을 모집하여 구리와 쇠로 대포를 주조하고 나무를 베어 선박을 건조하였다. 이 같은 일들은 모두 순식간에 진행되었다.

병란을 피해 다니던 원근의 백성들이 대거 섬으로 들어

와 이순신에게 의지하였다. 살 집을 짓고, 장사를 하는 사람
도 생겨 섬 안 전체가 입주의 여지가 없이 되었다. 이순신이
경제가 활기를 띠게 하는 법을 알고 민심 수습에 뛰어났음을
또한 추측할 수 있을 것이다.

4월에 명나라 수군 제독 진린陳璘이 절강성 수군 5백여
척을 거느리고 전라도로 왔다. 그는 성정이 포악하고 다른 사
람과 잘 어울리지 못하는 까다로운 사람이어서 모두들 이순신
을 걱정하였다. 선조는 비밀리에 유지를 내려 이순신에게 진
린을 환대하도록 하였다. 이순신은 대대적인 사냥을 벌여 멧
돼지와 사슴을 잡아놓고 큰 잔치를 준비해두었다. 진린이 도
착하기를 기다려 성대하게 대접하니 장수와 병사들이 배불리
먹고 모두들 과연 이순신은 뛰어난 장수라고 입을 모았다.

16일에 이순신은 진린과 함께 연회를 열고 있었다. 그러던
중 갑자기 일본군이 습격해왔다는 말을 듣고, 스스로 부하들을
이끌고 나가 이를 격퇴하였다. 진린의 수군은 전과가 하나도
없었으므로, 진린은 몹시 부끄러워하며 화를 내었다. 이순신은
노획물을 모두 진린에게 주고 그의 공으로 돌렸다. 진린은 크
게 기뻐하여 그때부터는 모든 일을 반드시 이순신에게 자문하
였으며, 출행 시에도 감히 자신의 가마를 앞세우지 않았다.

이순신은 명나라 군을 조선 수군과 같은 군율로 다스리

그림 2-13

1598년 7월 16일 명나라 수군 도독 진린은 5백여 척의
함선을 이끌고 이순신의 수군과 합류하였다. 진린이 고금도에
도착하는 모습을 그린 〈정왜기공도征倭紀功圖〉 속의 한 장면.

기로 진린과 약조하였다. 비록 소소한 것일지라도 민가의 물품을 빼앗는다든지 하면 모두 잡아다 곤장을 치니 섬 안의 질서가 바로잡혔다. 진린은 일찍이 '통제사는 천하를 다스릴 만한 인재요, 무너진 하늘을 채울 만한 큰 공이 있습니다' 하고 상서를 올렸다. 이순신은 이처럼 진린을 손바닥 위에서 다룰 만큼 지혜로웠다.

정유전쟁 당시 일본 육군은 가토 기요마사, 고니시 유키나가를 선봉으로 삼아 전라도 남원과 전주를 함락시켰다. 전라도는 예로부터 많은 의협 지사를 배출하였다. 임진전쟁이 일어났을 때도 백성들이 봉기해 대오를 갖춤으로써 의병 기를 걸고 국토 회복을 도모하였다. 정유전쟁에서 일본 장수들이 먼저 이곳을 공략한 것은 그 때문이었다.

일본군은 한양을 공략하기 위해 모리 데루모토毛利輝元를 대장으로 삼고 구로다 나가마사黑田長政를 선봉 삼아 9월에 충청도에 들어섰다. 전의관에 진을 친 다음 명나라 군대와 직산에서 전투를 벌였다. 이것이 정유전쟁 때 가장 북쪽에서 벌어진 전투였다. 이윽고 날씨가 점점 추워지자 가토 기요마사는 물러나 울산을 지키고, 고니시 유키나가는 물러나 순천을 지키게 되었다. 이때 명나라 장수 양호楊鎬 등이 군대를 이끌고 공격해오니 가토 기요마사를 비롯한 일본군은 위태로움 속에서 해를 보낼 수밖에 없었다.

다음해 4월 도요토미 히데요시가 사자를 파견해 고니시 유키나가, 가토 기요마사, 고바야카와 히데아키小早川秀秋 등 10여 장수는 조선에 머물게 하고, 나머지는 모두 귀국하도록 조치하였다. 남게 된 일본 장수들은 4개의 진영으로 군대를 나누었다. 가토 기요마사는 울산을 지키고, 고니시 유키나가는 순천을 지키고, 시마즈 요시히로는 사천을 지키고, 고바야카와 히데아키는 부산을 지켰다. 네 곳의 병사들을 합치면 10만 명쯤 되었다.

명나라 장수 마귀麻貴는 가토를 맡고, 유정은 고니시를 맡고, 동일원董一元은 시마즈를 맡으니, 세 장수가 인솔한 명나라 병사의 수 역시 일본군과 맞먹었다. 그리고 진린이 이끄는 수군이 이순신과 더불어 고금도에 주둔하면서 해상을 장악한 채 일본군을 협공할 태세를 보이고 있었다.

정유전쟁을 이끈 장수들이 직산에서 한 걸음도 나아가지 못한 채 북벌北伐을 이루지 못한 이유는 도대체 무엇 때문인가. 장수들의 능력이 임진전쟁 때의 장수들보다 모자랐던 것인가. 임진, 정유 두 전쟁에서 중요한 역할을 맡은 장수들은 모두 동일 인물이었다. 그런즉 한양을 함락시키기 어려웠던 것인가 혹은 함락시켜도 방어할 수 없었던 것인가.

당시 명나라 군대는 아직 충분히 모이지 않았다. 한양을 함락시키기 쉬웠고, 한양의 지세가 험해서 방어하는 일 역시 어렵지 않았다. 그렇다면 계절이 전쟁에 적합하지 않았는가. 임진년에 고니시 유키나가와 가토 기요마사는 각기 평안도와 함경도에서 겨울을 지냈으니, 유독 정유년에만 겨울을 넘기지 못할 이유가 어디에 있겠는가.

나는 여기서 그 중요한 원인을 다시 수군의 미약함으로 돌리지 않을 수 없다. 왜냐하면 일본 수군이 강력한 기세로 3도 수군을 격파한 다음 한강으로 들어가고 이어서 대동강 물줄기를 타고 나아갔더라면, 육로군이 전시에는 수군의 세력을 빌리는 이점이 있고 지킬 때는 군량을 조달하는 편리가 있었기 때문이다. 명나라 군대가 와도 그들은 뒤를 염려하지 않을 수 없었을 것이고, 조선군이 배후에서 일어나도 우리에게 위협이 되지 않았을 것이다.

만일 그렇게 되었더라면 임진전쟁의 실패를 설욕하였을 뿐 아니라 도요토미 히데요시의 웅지도 이룰 수 있었을지 모를 일이다. 오로지 수군의 미약함이 그 같은 실패의 원인이다. 또한 육군 장수들이 분투 진격의 용기로 적진 깊숙이 쳐들어가는 것을 전략상 허용하지 않는 원칙 때문에, 직산을 최 북단 전장으로 마감하고 퇴각해 방어만 하게 된 일은 돌아볼 수록 유감스러운 일이었다.

8월 13일에 도요토미 히데요시는 불세출의 웅재를 안고 황천에 들었다. 부음이 조선에 알려지자 일본 장수들은 일본 으로 돌아갈 준비에 들어갔다. 하지만 채 수개월도 지나기 전 에 이순신 역시 총알이 빗발치는 치열한 전투 속에서 숨을 거 두게 될 줄을 누가 알았으랴.

고니시 유키나가는 순천에서 유정을 상대하다가 마침내 포위되고 말았다. 9월에 진린과 이순신은 병선 천여 척을 거 느리고 묘도(여수만의 북방, 노량의 서쪽에 있는 섬)로 달려와 육군과 합세하여 공격할 묘책을 찾고 있었다. 10월 3일 유정 은 진린과 야간 밀물 때를 이용해 협공하기로 비밀리에 의논 하였다. 진린이 함대를 이끌고 출발해 있는 힘을 다해 상륙을 시도하였으나, 갑자기 조수가 빠지는 바람에 40여 척의 배를 잃었다. 크게 분한 나머지 진린은 다음날 수군을 모두 거느리 고 공격하였지만 또 이기지 못하고 돌아왔다.

고니시 유키나가는 전투에서 이겼지만 고립된 군대가 오 래 버틸 수는 없다는 것을 깨닫고 있었다. 그는 사자를 사천에 보내 시마즈 요시히로에게 위급함을 알리는 한편, 유정과 화의를 도모하였다. 진린에게는 백금 10량과 보도寶刀 50자루를 보내고, 이순신에게는 총, 칼, 은량을 보내 길을 열어주기를 청하였다. 이순신이 진린에게 권하여 뇌물을 모두 물리치니, 고니시 유키나가는 몹시 궁색한 입장에 처하였다.

고니시 유키나가가 위급하다는 소식을 들은 시마즈 요시히로는 11월 18일 남해도로 달려왔다. 이때 이순신과 진린은 모든 함선을 좌우 두 함대로 나누어 이순신은 남해도 관음포(섬의 동북쪽에 위치하며 창선도와 같은 위도)에 진을 치고, 진린은 곤양군 죽도에 진을 쳤다. 시마즈 요시히로가 공격해오자 진린과 이순신은 힘을 합쳐 맞아 싸웠다. 일본 전선이 다수 불에 타는 속에서 시마즈 요시히로는 사력을 다해 싸웠다. 하지만 끝을 보지 못한 채 양군은 서로 물러났다.

관음포에 돌아온 이순신은 이날 밤 3경에 오늘의 전투에서 싸우다 죽기를 각오하나니 왜군을 섬멸토록 해달라고 하늘에 기도를 올렸다. 이순신은 다음날 19일 병사들을 거느리고 진린과 함께 관음포에서 일본군을 맞아 싸웠다. 전투가 한창 무르익었을 무렵 명나라 병사가 잘못 쏜 화기가 총병總兵 등자룡鄧子龍의 전함에 맞았다. 일본군이 분전하여 등자룡을 참수하였다.

이순신은 등자룡을 구출하기 위해 시석矢石을 무릅쓰고 싸웠다. 그러던 중 날아온 탄환 하나가 이순신의 가슴을 관통하였다. 좌우에 있던 병사들이 부축해 장막 안으로 몸을 옮기자, 이순신은 전투가 매우 급하니 자신의 죽음을 말하지 말라고 태연히 말했다.

그때 일본군이 진린의 배를 포위하여 진린을 거의 생포하려는 것을 진린의 아들 진구경陳九經이 몸으로 방어하다가 창을 맞았다. 이순신의 뜻을 좇아 그의 죽음을 감춘 채 전투를 독려하고 있던 이순신의 조카 이완이 급히 달려가 구출함으로써 진린은 가까스로 위기를 면하였다.

고니시 유키나가는 그 틈을 이용하여 묘도에서 달아났다. 그는 시마즈 요시히로의 부대와 함께 가덕도로 퇴각하였다가 나중에 쓰시마로 돌아왔다.

이순신이 전사했다는 소식이 남쪽 지방의 백성들에게 전해졌다. 백성들은 길거리에서 목 놓아 통곡하였으며, 문을 걸어 잠그고 술을 끊었다. 혹은 조문을 짓고 제사를 지냈다. 명나라 병사들도 육식을 삼갔다. 소식을 들은 조정에서는 이순신에게 우의정을 추증하였다.

당시의 역사를 유럽 근세사와 비교해보면 이순신의 전공

이 더욱 위대함을 알 수 있다. 나폴레옹은 뛰어난 재주와 온 세상을 다스릴 만한 지략을 지닌 영웅으로 유럽 대륙이 혼란한 시기를 틈타 세상을 병탄하려 하였다. 모든 제왕이 그의 무릎 아래 엎드리며 다스림을 달게 받아들였다. 천한 신분에서 몸을 일으킨 도요토미 히데요시는 세상의 기운을 긁어모아 군웅을 다스리고 천하를 유린하였다. 큰소리로 포효하면 산이 무너지고 노하면 우레 소리가 바뀌었다. 두 영웅의 성행이 어찌 그리 비슷한가.

나폴레옹은 모스크바에서 패하고 워털루에서 다시 패하여 파도 울부짖고 슬픈 비바람만이 몰아치는 절해고도에 유폐되었다. 도요토미 히데요시가 세상을 떠나자 간사한 무리가 어린 후사後嗣를 둘러싸고 그 위업을 지리멸렬하게 하고 대마저 끊기게 만들었다. 두 영웅의 비참한 말로 또한 닮은 꼴이다.

그런데 나폴레옹의 실패 원인은 영국에 있고, 영국 내에서 저울추를 다투자면 무게가 해군으로 수렴된다. 또한 영국 해군은 실로 넬슨이라는 사람에 의지하고 있었다. 따라서 나폴레옹 웅지의 성패는 영국과의 승부에 달려 있었고, 영국과의 승패는 곧 영국 해군과의 승패에 달려 있었다. 바꾸어 말하면 나폴레옹 한 개인과 넬슨 한 개인 사이의 승패에 달려

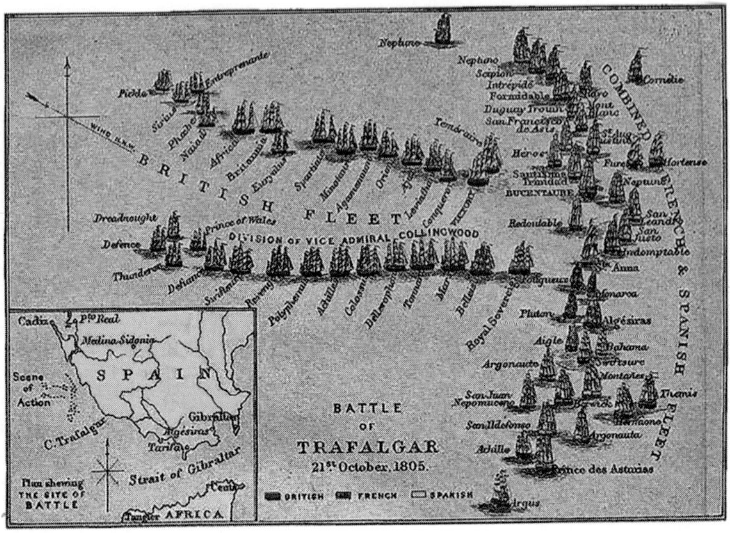

그림 2-14

1805년 10월 21일 트라팔가르 해전의 전투 대형도.
반월형 형태로 늘어선 프랑스-스페인 연합함대를
영국 함대가 찔러 들어가는 형국이다.

있었다고 할 수 있다.

트라팔가르 해전, 넬슨이 승리하고 프랑스 군이 패한 이 한 번의 전투에서 나폴레옹의 대업이 이미 떠나가 버렸음을 알 수 있거늘, 어찌 후일의 모스크바 전투를 기대하며 워털루의 싸움을 기대하랴.

도요토미 히데요시에게 조선의 상황도 이와 비슷하었다. 일본 수군이 육군과 서로 돕고 제휴할 수 있는가의 여부가 곧 승패를 결정짓는 요인이었다. 바꾸어 말하면 일본 수군 장수들과 이순신과의 싸움이 전체 전쟁의 승부를 결정하는 분기점이었다. 허무하게도 임진, 정유 두 전쟁은 이순신 때문에 막히고 좌절되어 조선과의 역사에 더할 수 없는 오점을 남기고 말았다.

두 영웅의 실패 모두 해군의 미약함에 기인하고 있는 것이 기묘하다. 이로 미루어보건대 당시 영국을 지켜 나폴레옹의 발굽 아래 들지 않게 한 것은 영국의 이순신, 넬슨의 공이요, 조선을 지켜 국운의 쇠락을 만회한 것은 실로 조선의 넬슨, 이순신의 웅대한 지략이었다. 이순신의 공이 어찌 위대하지 않겠는가.

이뿐만이 아니다. 이순신이 최후의 싸움에서 사기가 떨어질까 걱정하여 죽음을 감추고 알리지 않은 사실은 1805년

10월 21일에 넬슨이 트라팔가르 만에서 부상을 입고 쓰러져 유혈이 낭자한 중에도 오히려 전황을 걱정한 상황과 거의 부합한다. 이처럼 두 영웅의 성품과 행동이 시종 한결같음은 참으로 기이하다 하지 않을 수 없다.

오호라, 순천 남쪽 좌수영 성 옆의 산 푸르고 물 맑은 곳에 사당 하나가 의연히 하늘을 향해 솟아 있도다. 멀리 런던성 안 채링크로스 거리의 동상과 서로 조응하며 용맹하고 의로운 혼백이 오래도록 살아 있음을 표상하고 있나니, 두 영웅은 죽어서도 유감이 없을 것이다.

조선 남해에 자리한 섬들은 동양의 안위에 중요하므로 나는 바다 하나, 섬 하나를 만날 때마다 그들 섬의 지세와 항만의 대략의 상황을 기록하는 데 게을리하지 않았다. 이제 이 글을 마무리하면서 다시금 중요한 섬 몇 개를 적어둠으로써 지사 및 식자들의 주의를 환기하는 바이다.

거제도 죽림포

조선 남부의 여러 항만 가운데 항만의 위치가 가장 좋고 크다. 선박이 정박하기에 죽림포보다 편리한 곳은 없으며, 일본과 중국의 각 항만에서 이런 곳을 찾고자 하여도 비견할 만한 곳이 없다. 뒷날 동양에서 웅비하고자 하는 자가 이 항구를 책원지策源地로 삼는다면 반드시 천여 척의 배와 만여 명의 군사를 품는 중요한 항만이 될 것이다.

고금도 장직로

만일 죽림포에 혹시라도 장애가 생겨 책원지로서 역할을 하기 어려울 때 그곳을 대신할 만한 곳이 장직로이다. 항만의 크기가 죽림포에는 조금 못 미친다 해도 협소하지 않을 뿐 아니라 동쪽과 서쪽의 두 입구가 겨우 1해리쯤 되는 좁은 수로에 불과해 섬 밖의 바다에서 내부를 공격하기가 매우 어렵다. 따라서 동양에 사태가 발생했을 때 이곳 항만에 함선을 모으면 틀림없이 포연을 잠재울 수 있을 것이다.

난호군도

1885년 영국과 러시아 사이에 충돌이 일어났을 때 영국 동양함대는 먼저 거문도를 점령하였다. 이 섬은 하루아침에 유사시 군항에 적합하다는 사실을 증명하였다. 이 섬은 북위 34도 1분, 동경 127도 18분에 위치하며, 전라도 홍양부 소속이다. 3개의 섬으로 이루어져 있는데, 서쪽 섬이 거문도, 동쪽 섬이 구죽도, 그리고 이들 두 섬의 남동쪽에 있는 섬이 천측도이나. 세 섬 사이의 좋은 항만 자리가 포트 해밀턴Port Hamilton이다. 만의 생김새는 타원형에 가깝고 물은 깊고 푸르다. 선박은 어디에라도 정박할 수 있다.

소안군도

거문도에 다음 가는 양항은 소안도이다. 해남현 남쪽 바다에 있으며, 북위 34도 10분, 동경 126도 35분이다. 군도 중심의 크라이턴Crichton 항은 사방의 바람을 막기에 좋다. 수심은 18~22미터이고, 바다 밑의 지질이 양호해 정박지로 우수하다.

조선 침공 뒷이야기

임진, 정유 두 전쟁에 명나라 조정은 절강성, 섬서성, 호남성, 사천성, 운남성, 그리고 미얀마 병사 모두 22만 1,500여 명을 징발하였으며, 조선 땅으로 건너온 장수와 관리는 370여 명이었다. 급여로 은 583만 2천 냥 남짓을 사용하고, 장수들에게는 상금 3천 냥을 별도 지급하였다. 양식 매입에는 은 3백만 냥(별도로 조선산 쌀 수십만 곡斛을 지출)을 사용하였는데, 산동 쌀 20만 곡을 들여오면서 여순을 거쳐 조선으로 운송하였다.

일본 병사와 명나라 병사 수십만 명이 일시에 조선으로 들어오자, 각 도의 많은 농민들이 경작을 그만두었다. 그 여파로 1593년, 94년경에는 쌀값이 크게 올랐다. 심한 경우에는 목면 한 필을 쌀 두 되로, 말 한 필을 겨우 쌀 서너 되로 살 수 있었다. 굶주린 백성들이 대낮에 무리를 지어 서로 잡아먹게 되자, 여자와 아이들은 감히 외출할 수 없었다. 설상가상으로 역질이 유행하여 쌓인 시체가 도처에 산을 이루었기 때문에 매장할 겨를조차 없었다. 전쟁이 시작되고 나서 국고가 바닥을 드러내자 하는 수 없이 돈을 받고 벼슬을 팔게 되었다. 쌀 백 석을 내면 3품, 30석을 내면 5품 벼슬을 주었는데, 나중에는 가격을 크게 내려 10석, 20석을 내면 가선대부 당상관을 제수하였는데도 벼슬을 사는 사람이 없었다.

1596년에는 곡식이 풍작을 이루어 면포 한 필에 쌀 3, 4석, 콩 5, 6석 정도 나갔다. 백성들이 비로소 굶주림에서 벗어나게 되었는데, 술과 고기를 탐하고 사치를 부리는 정도가 평상시보다 심했다고 한다.

1593년 유성룡이 선조에게 상소를 올리고 요동 지방의 명나라 관리와 협의해 압록강에 국경 무역 개시開市를 열었다. 이때 조선의 기근으로 쌀값이 크게 오르자 만주 지방의 미곡이 평안도로 대량 수입되었다. 또한 선박을 이용해 한양에 운송해옴으로써 많은 백성들이 기아를 면하였다. 개시를 열 당시 조선 각지의 면포 한 필 가격이 겨우 현미 한 말에 불과하였지만, 중강진에서는 쌀 2석 남짓에 교환되었다. 때문에 미곡 상인들이 크게 이득을 보았다고 한다. 중강진에서 조선과 청나라 사이에 무역이 이루어진 것은 이때가 처음이었다.

1592년 조선의 화포 장인 이장손이 무쇠 용기 속에 화약을 채워 포에 장치한 다음 발사하는 법을 창안하였다. 포탄이 수백 걸음 바깥으로 날아가 얼마 있다가 화약이 안에서 폭발하는데, 비격진천뢰라는 이름의 무기다. 같은 해 9월 경상좌병사 박진이 경주를 수복할 때에 비격진천뢰를 빈번히 발사하였다. 일본 병사들은 이것이 무엇인지 깨닫지 못하고 무리를 지어 쳐다보거나, 더러는 만져보고, 두드려보고, 굴려보다가, 갑자기 안에서 불꽃이 일며 터지는 바람에, 부서진 철편에 맞은 사람은 모두 죽었다. 하지만 나중에는 비격진천뢰를 만들 줄 아는 사람이 없게 되어, 제조법이 전하지 않는다고 한다. 아마도 요즈음의 수류탄과 같은 종류일 것이다.

시바야마 나오노리 님께

편지로 말씀 올립니다. 지난번에 만나뵌 뒤로 시간이 참으로 빨리도 흘러 벌써 반 년 남짓이 지났습니다. 지내시는 모든 일에 상서롭고 경사스러움이 많으실 줄 압니다.

부족한 제 책 《조선 이순신전》을 읽어보고 살펴 바로잡아주셔서 깊이 감사드릴 따름입니다. 지난 7월경 조선의 삼남 연해 지방에 지리조사를 나갔을 때, 그 바다가 물자 운반에 편리하고 배의 정박에 적당하며 또한 군사적으로 필요한 항만이 많음을 알았습니다. 뿐만 아니라 도요토미 히데요시의 조선 침공 때 조선과 일본의 수군이 피를 흘리며 자웅을 겨루던 곳이었다는 사실도 알게 되었습니다.

그리하여 《징비록懲毖錄》과 《환영수로지寰瀛水路誌》 두 책을 골간으로 삼고 거기에 《일본외사日本外史》《국조보감國朝寶鑑》《연려실기술燃藜室記述》《조야회통朝野會通》《조선지지략朝

鮮地誌略》등 여러 저서를 참고해 별안간 서둘러 원고를 마치게 되었습니다. 그러다 보니 자구의 퇴고도 불충분한 것은 물론 사실의 오류 등이 있을 수 있음을 자백하지 않을 수 없습니다.

본시 저는 임진전쟁 수군 전반에 관한 완전한 한 권의 책을 펴내려고 생각하였습니다. 하지만 아시는 바와 같이 이 나라에는 역사서가 극히 드물어 참고할 만한 좋은 자료가 없을 뿐 아니라, 겨우 있다는 것이 앞서 기술한 두세 권뿐입니다. 또한 적어도 제가 사가史家의 자리에 몸을 놓는 이상 일본에 있는 임진전쟁 관련 서적과 당시 종군 제후들의 기록에 근거해 사실을 확인하는 작업이 필요하지만, 아득히 먼 곳에서 이를 찾아 가져올 길이 없었습니다. 그리하여 최초의 생각은 이미 헛된 일이 되어버리고, 겨우 이 책과 같이 불완전한 것으로 만족할 수밖에 없게 된 것은 본래의 뜻은 아니었습니다.

또한 여기서 한마디 말씀드릴 것은 이 책 속에 조선은 치켜세우고 일본은 깎아내리는 부분이 있는 점입니다. 조선에 대해서는 더없는 칭찬의 말을 늘어놓고 일본에 대해서는 허물을 들추어 꾸짖음으로써 나라를 사랑하는 이들의 마음을 심란하게 만들었습니다. 그렇지만 저 또한 제국신민의 한 사람으로서 애국의 정신에서는 다른 사람에게 단 한 걸음도 양보할 일이 없음을 분명히 해두고자 합니다. 꺼릴 게 없지 않다면 무엇이 아쉬워 자신의 얼굴을 향해 침을 뱉겠습니까.

결국 적어도 수년 안에 우리 제국도 세계의 경쟁 무대에 서지 않을 수 없는 이상 외부와의 관계를 살펴 입국의 방침을 정해두어야 할 것입니다. 그렇게 되기 위해서는 우리해군을 진흥하는 일이 무엇보다 필요합니다. 동시에 눈을 돌려 우리나라 해군의 상황을 살펴보면 당국자들도 자주 인정하듯이 아직 세력이 미약할뿐더러, 지금까지 살펴본 큰목적을 달성하기에 충분한 깨달음이 없습니다. 이것이 제가늘 개탄하는 점입니다.

한편으로 이 책을 집필하면서 일본이 패하고 조선이 승리한 부분에 이르니, 당시 만약 우리 수군이 강했더라면 계림팔도는 우리 판도 안에 들어왔을 텐데 하는 생각이 듭니다. 그 같은 판도를 오늘에 이르기까지 계속 이어옴으로써 그 땅이 우리 국기 아래 있다면, 지금의 우리 세력이 어떠할지 생각하매 지난일이 애석하기만 합니다. 다른 한편으로는 훗날우리가 제국으로서 갑자기 외국과 전쟁을 벌이게 될 때에 우리 해군이 불행히도 패배하게 된다면 그 결과가 어떠할지 장래를 예상하자니 자못 염려스럽습니다.

앞으로 제국 해군이 다시는 임진전쟁 같은 상황을 보여서는 안됩니다. 또한 세계의 경쟁 무대에 우뚝 설 제국의 명

예를 실추시켜서는 안됩니다. 저도 모르게 탄식 소리가 새어
나오기를 몇 번인지 모르겠습니다.

소생은 우리 해군의 장래를 몹시 걱정하는 까닭에 임진
전쟁 시의 수군의 실패를 개탄합니다. 그리하여 우리 수군의
허물을 들추어 꾸짖기에 이른 것입니다. 앞 수레가 뒤집힌 자
국은 뒷 수레의 좋은 경계가 되는 것이니, 이전의 실수를 거
울삼지 않으면 안됩니다. 근심 많은 소생의 소박한 뜻을 귀하
께서 헤아려 통찰해주시리라 믿습니다.

이처럼 과장해 말씀드림에도 불구하고 이 책은 별 가치
가 없을 것입니다. 그렇지만 자세히 살피시어 가부의 판단을
내려주시기를 희망합니다. 가을바람 소슬한 찬 기운이 엄습
해오니 아무쪼록 몸을 잘 돌보시기 바랍니다. 이만 줄입니다.

조선 한성에서 10월 1일

세키코세이 올림

조선의 안녕은
이순신 덕분이었다

도요토미 히데요시의 원정

오가사와라 나가나리

원문

小笠原長生,《日本帝國海上權力史講義》, 해군대학교, 1902.

이 글은《일본제국해상권력사강의》 제5장 '도요토미 히데요시의 원정―분로쿠文禄 원년부터 게이초慶長 2년까지 7년간'을 옮긴 것이다. 글쓴이 오가사와라 나가나리는 메이지 시기 일본 해군을 대표하는 문필가였다. 청일전쟁과 러일전쟁 전쟁사 편찬에 관여하였으며, 해군대학교 교관을 지냈다.《일본제국해상권력사강의》는 해군대학교 강의를 책으로 엮은 것으로, 제5장의 대부분은 이순신과 관계된 내용이다. 그의 강의와 이 책은 해군 장교들에게 큰 영향을 주어 이순신의 이미지를 확립하는 데 중요한 역할을 하였다. 한편 그가 1898년에 펴낸《제국해군사론》에도 이순신에 대한 내용이 들어 있는데, 일반인을 독자로 한 이 책 역시 일본 내에 이순신을 알리는 데 기여하였다. 그는 1918년 해군 중장으로 승진하였다.

지금부터 도요토미 히데요시豊臣秀吉의 조선 침공의 개요를 이야기하겠다. 이 전쟁은 해군의 승패에 의해 대국이 결정되었다.

오래전 국경지방민邊民*들의 침략 시기를 거쳐 우리 해군사는 도요토미 히데요시의 조선 침공으로 이어진다. 모두들 아는 바와 같이 도요토미 히데요시는 오와리尾張**의 필부에서 몸을 일으켜 비범한 재주와 세상에 드문 대담함으로 십수 년 만에 일본을 평정해 신하로서 최고의 자리에 올랐다.

도요토미 히데요시는 아직 오다 노부나가織田信長***의 한 부하 장수일 때부터 큰 희망을 품고 있었다. 때를 만나면

---

*   변민邊民이란 대마도, 규슈 출신이 중심이 되어 한반도와 중국 연안 일대를 빈번히 침공한 왜구 집단을 가리킨다.

**   지금의 아이치 현 서부 나고야名古屋 시를 포함한 지역.

***   백여 년간 이어지던 일본 전국시대戰國時代의 혼란을 잠재운 인물. 통일을 눈앞에 두고 가신의 배신으로 목숨을 잃었으며, 그의 뒤를 이어 도요토미 히데요시가 일본을 통일하였다.

중국 대륙부터 인도까지를 일본의 판도로 만들겠다는 생각이었다. 겉모양만 생각하는 논자들은 도요토미 히데요시가 자신이 사랑하던 아들을 잃고 비탄에 빠진 나머지 조선 정벌에 나섰다고 말하지만, 결코 그렇지 않다고 생각한다. 1586년에 규슈를 정벌할 때도 자신은 조만간 중국 남만南蠻을 일본의 판도에 편입할 요량이기 때문에, 규슈는 기나이畿內*와 같은 존재로 생각한다고 장수들에게 이야기하였다. 이 같은 증거를 보더라도 때를 만나면 중국 남만을 공격하겠다는 희망을 품고 있었다고 판단된다.

그런데 그 목적이 무엇인가는 조선 한양을 점령했을 때 도요토미 히데쓰구豊臣秀次**에게 준 편지***에서 대략을 추측할 수 있다. 편지의 줄거리는 조선의 수도도 함락시켰으니 이제부터 일본군은 중국으로 향할 것이며, 다음해 봄에 자신이 조선에 건너가 명나라를 공격함으로써 다다음해에는 천황을 북경으로 맞아들여 북경 부근의 10주를 헌상하겠다는 것이었다. 또한 일본의 황위는 황태자 또는 황족 가운데서

---

*   기나이畿內는 도성이 있던 교토 인근 지역을 지칭한다.
**   도요토미 히데요시의 조카.
***   도요토미 히데요시가 1592년 5월 18일 간파쿠關白 도요토미 히데쓰구 앞으로 보낸 주인장朱印状 속의 내용으로 공상에 가까운 사실이 혼재되어 있다.

추대하고, 조선반도에는 기후岐阜 사이쇼宰相*를 관리자로
하는 것이 마땅하다는 내용이다. 이로 보아도 헛된 야심이
뜻대로 되는 것은 아니지만, 중국대륙을 취해 천황을 북경으
로 맞아들이고 북경을 수도로 삼으려는 대대적인 큰 그림을
그렸던 것이라고 생각된다.

전쟁을 시작하기 전에 먼저 조선, 명明과 교섭하려고 생
각했지만 마땅한 구실이 없었다. 그리하여 명나라는 오래도
록 사신을 보내지 않는다는 구실로, 조선은 조공을 보내오지
않는 까닭에 죄를 묻는다는 구실로 1587년부터 교섭을 시작
하였다.

먼저 사신을 조선에 파견해 공물을 재촉하였지만 조선
은 이를 받아들이지 않았다. 다시 여러 번 독촉한 끝에 1588
년에는 국서를 보냈다. 그 대강은 이렇다.

"귀국은 어찌하여 오래도록 상반된 태도를 취하는 것
이오. 이제 내가 우리나라를 통일하여 해변의 걱정거리

---

*   도요토미 히데요시의 조카 하시바 히데카쓰羽柴秀勝. 형 도요토미 히데쓰구와
     함께 히데요시의 양자가 되었으며, 임진전쟁 참전 도중에 병을 얻어
     거제도에서 병사하였다.

그림 3-1

도요토미 히데요시(중앙)와 무장들을 그린 우키요에
〈조선정벌대평정도〉(1877년 작). 우키타 히데이에,
가토 기요마사, 고바야카와 다카카게, 시마즈 도시히로,
모리 데루모토, 도도 다카토라 등이 들어 있다.

를 제거하였으니 신속히 교류를 복구하시오. 또한 내가
명나라와 옛날처럼 좋은 관계를 맺고자 하나, 명나라가
만일 이를 거부한다면 마땅히 전쟁을 일으킬 것이오. 귀
국은 이를 중재하시오."

그럼에도 불구하고 조선 조정은 의심을 품은 채 승낙하지
않았다. 1590년에는 다시 다음과 같은 내용의 국서를 보냈다.

"내가 태내에 있을 때 어머니께서 해가 품속으로 들
어오는 꿈*을 꾸었는데, '햇빛은 미치지 않는 데가 없으
니 필시 싸우면 이길 것이요, 공격하면 취할 것이라. 머
지않아 천하를 다스리게 될 것이오'라고 관상쟁이가 말
하였소. 그리하여 국가 사이의 먼 거리를 산과 바다가
막고 있어도 한 번 뛰어 곧바로 명나라에 들어가 우리나
라의 정치를 펼침으로써 4백여 주를 교화하려 하니, 좁
은 국토에 사는 귀국은 우리를 위해 선두에 서시오. 내가
명나라에 들어가는 날 장졸들을 거느리고 군영에 임한다

---

*　도요토미 히데요시가 '태양의 아들'이라는 '감생제설感生帝說을 주장하는
　내용. 감생제설은 제왕의 어머니가 자연현상을 느끼고 임신하여 제왕을
　낳았다는 고대 중국의 제왕 전설이다.

면 곧 일본과 조선의 맹약은 매우 공고해질 것이오."

그렇지만 조선 왕은 우리를 업수이 여겨 일본은 도저히 명나라의 상대가 되지 못한다며 개의치 않는 것이었다. 처음에는 조선을 앞장세워 함께 명나라를 공격할 예정이었지만, 그들이 복종하지 않으므로 먼저 조선부터 치기로 결정하였다. 마침내 1591년에 운송선의 선조에 착수해 동쪽은 히타치常陸*부터 서쪽은 시코쿠四国, 규슈九州에 이르기까지, 북쪽으로 아키타, 사카타酒田**부터 주고쿠中國에 이르는 연안 각 주에 명령을 내려 큰 배를 만들게 하였다. 필요한 선원은 연안 백성 백 호당 10명을 내게 하고, 1인당 두 사람 몫의 봉급을 주어 그 처자들을 돌보게 하였다. 또한 각 장수들에게는 다음해 정월을 기해 출진한다고 영을 내렸다.

이윽고 군대의 진용을 갖추게 되었는데, 크게 선발군과 나고야名護屋*** 주둔군의 둘로 나누었다. 선발군은 다시 열 개

---

* 도쿄 근처 이바라키 현의 옛 지명.
** 도호쿠 지방 야마카타 현의 북서부 지역.
*** 사가 현 가라쓰에 위치한 임진전쟁 때 조선으로 출병하던 일본군의 전진기지. 당시 일본 최고의 성이라고 불리던 오사카 성에 버금가는 규모의 성을 쌓았으며, 군사들뿐 아니라 지원인력까지 합해 전국에서 수십만 명이 모여들었다.

부대로 나누었다.

제1군   고니시 유키나가小西行長 등 대장 6명, 병사 18,700명

제2군   가토 기요마사加藤淸正 등 대장 3명, 병사 20,800명

제3군   구로다 나가마사黑田長政 등 대장 2명, 병사 12,000명

제4군   시마즈 요시히로島津義弘 등 대장 6명, 병사 17,000명

제5군   후쿠시마 마사노리福島正則 등 대장 5명, 병사 24,700명

제6군   고바야카와 다카카게小早川隆景 등 대장 5명, 병사 15,700명

제7군   모리 데루모토毛利輝元 등 대장 3명, 병사 30,000명

제8군   우키타 히데이에浮田秀家*(총대장) 등 대장 6명, 병사
        19,200명

제9군   아사노 요시나가淺野幸長 등 대장 13명
        (그 가운데 병사를 거느리고 간 것으로 알려진 것은 6명, 병사는
        17,750명으로 그 밖에는 확인되지 않음)

제10군 하시바 히데카쓰羽柴秀勝** 등 대장 14명
        (그 가운데 병사를 거느리고 간 것으로 알려진 것은 6명, 병사는
        22,000명으로 그 밖에는 확인되지 않음)

    이들만이 선발군으로 확인된다. 숫자는 분명하지 않지
만 모두 합쳐 대략 19만 850명이다. 그렇지만《외교사고外交

---

*   宇喜多秀家라고도 표기.
**   豊臣秀勝라고도 표기.

史稿》*에는 한반도로 건너간 군사의 수가 육군과 수군을 합쳐 15만 명이라고 되어 있고, 또 예비군 6만 명을 모아 선발군을 돕도록 준비하였다고 쓰여 있다. 어느 쪽이 옳은지는 아직 모른다. 더욱이 앞서 이야기한 것은 부대이기 때문에 그 부대의 체계대로 출전하지 않았을 수도 있다. 또한《외교사고》에는 나고야에 도요토미 히데요시가 도착했을 때 군세 50만 명분의 양식이 비축되어 있었다고 쓰여 있는데, 이는 다분히 인부용 양식을 합신한 깃일 것이다. 다른 책에는 나고야 주둔군도 전군, 중군, 후군의 셋으로 나뉘어 있었다고 되어 있다. 곧 다음과 같은 편제다.

전군 대장 6명, 병사 5,000명

중군 도요토미 히데요시 휘하 병사 12,000명

후군 대장 6명, 병사 6,000명

그 밖에 부대 편성에 들어가지 않은 군대는 도쿠가와 이에야스德川家康, 마에다 도시이에前田利家, 다테 마사무네伊達政宗, 우에스기 가게카쓰上杉景勝, 가모 우지사토蒲生氏郷 등의 제

* 　일본 외무성이 편찬한 책.

후 23명과 병사 7만여 명이다. 곧 한반도로 건너간 군대와 주둔군 양쪽을 합해 총 30여 만 명이 육군의 숫자다. 이것은 병사만이 아니라 인부도 합산한 숫자라고 생각된다.

수군 쪽은 구키 요시타카九鬼嘉隆에게 감독을 명해 이세伊勢*의 해안에서 수백 척의 병선을 급히 건조해 해군을 조직하였다. 대장은 9명이었다.

구키 요시타카九鬼嘉隆	1,500명
도도 다카토라藤堂高虎	2,000명
와키자카 야스하루脇坂安治	1,500명
가토 요시아키加藤嘉明	1,000명
구루시마 야스치카来島康親**	700명
간 마사카게菅正蔭	250명
구와야마 시게카쓰桑山重勝	1,000명
호리우치 우지요시堀内氏善	850명
스기와카 덴자부로杉若伝三郎	650명
합계	9,450명

* 긴키近畿 지방 미에 현 일대를 가리키며 예로부터 조선업이 발달하였다.
** 구루시마 미치후사来島通総를 잘못 표기한 것으로 보임. 구루시마 야스치카来島康親는 구루시마 미치후사의 아들.

그림 3-2

1592년 4월 13, 14일의 부산진 전투를 그린
〈부산진 순절도釜山鎭殉節圖〉(대한민국 보물 제391호).

이것이 수군의 모습이었다. 이와 같이 수륙 양군으로 나뉘어 유유히 진격하려고 하였던 것이다. 군사회의에서 정한 대로 먼저 고니시 유키나가를 최초로 부산에 상륙시켜 그곳을 점령하게 하고, 점령이 성공한 다음 후군이 진격할 수 있도록 가토 기요마사는 고니시 유키나가에 이어 조선 부산 근해에 있는 섬에 근거지를 확보하였다. 그리고 규슈 군대는 쓰시마對馬島에 근거를 마련하고, 시코쿠 군대는 이키壱岐島에 주둔해 있으면서 고니시 유키나가의 부산 점령을 기다렸다가 나아가기로 하였다.

선발군은 곧바로 조선 부산을 점령하였다. 후군도 속속 도착하여 이로써 전쟁이 시작되었다. 이것을 육전과 해전으로 나누어 이야기하겠다. 먼저 육전부터 서술한다.

한반도로 건너간 일본 육군의 총수효는 앞서 기술한 바와 같이 약 19만으로 우키타 히데이에가 총사령관, 고바야카와 다카카게가 참모장이었다. 선봉은 1592년 4월 13일 조선 부산에 이르렀으며, 이어서 대군이 도착해 군대를 셋으로 나누었다. 고니시 유키나가, 가토 기요마사 등으로 하여금 2대를 지휘하게 하고, 우키타 히데이에 자신이 나머지 1대를 이끌며 세 갈래 길로 나란히 한양을 향해 나아갔다. 조선반도의 산하를 진동시키며 기세 좋게 파죽의 형태로 고니시 유키나가 휘하의 제1군은 동래에서부터 양산, 대구, 상주, 충주, 용진 등 거의 17개 성을 무너뜨리며 5월 13일에 한양에 도착하였다. 또한 가토 기요마사 휘하의 제2군은 경주, 신녕, 용궁, 죽산, 용인 등 거의 14개 성을 함락시킨 다음 고니시 유키나가와 같은 날에 한양에 들어갔다. 우키타 히데이에 등의 3군은 김해, 창원, 영동, 옥천, 청주 등 거의 10개 성을 격파하고 가토 기요마사 등을 뒤따라 5일 후에 한양에 들어갔다. 한양에서 군대를 하나로 합쳐 계속 북진하다가 임진강을 건너 개성에 이른 다음 다시 고니시, 가토 군으로 길을 나누어 진격하였다. 고니시 유키나가는 조선 왕을 추격하며 황해도에서 대동강을 건너 6월 15일 평양에 들어갔다. 부산포에 상륙한 지 날짜로 겨우 60여 일 만의 일이었으며, 그동안 군대가 진격한 거리는 1,300여 리였다.

또한 두 왕자의 뒤를 쫓던 가토 기요마사는 함경도 회령부에 이르러 두 왕자를 생포하고, 두만강을 건너 7월 중순에 홀리가이라고 일컫는 곳에 도착하였다. 날짜로 계산해 90여 일 만이고, 그동안 3,000여 리를 이동하였다.

양군 모두 험한 고개를 넘고 급류를 건너며 그때마다 일전을 벌여 조선군의 방어를 무너뜨렸지만, 거의 무인지경의

朝鮮王都城を開きて平壤城ム趣く図

그림 3-3
한양을 버리고
평양으로 피난 가는
선조의 어가 행렬.

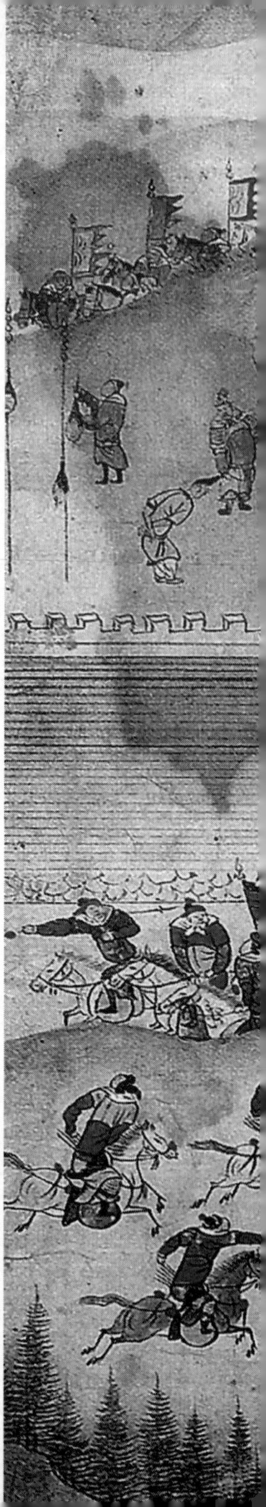

그림 3-4

《북관유적도첩》속의 〈창의토왜도倡義討倭圖〉.
함경도에 들어온 일본군에 맞선 싸운 정문부와
그가 이끈 의병의 활약을 그렸다.

땅을 가듯이 진격하였다. 상황이 이와 같았기 때문에 조선인
은 일본군을 두려워하고 가토 기요마사를 야차 같은 장수라
고 일컬었으며, 조선의 역사가들조차 다음과 같은 말로 일본
인의 강인함을 한탄하고 있다.

"용맹하고 싸움을 즐기는 것, 곧 왜인이 죽음을 두려워
하지 않는 것은 그 천성이다. 사람이 두려워하는 것, 곧 전
쟁에서 가장 어려운 것은 죽음이거늘, 죽음을 두려워하지
않는다면 어떻게 적을 이길 수 있을지 염려되는 바이다."

또한 이런 표현도 보인다.

"그들 왜인은 필사의 각오로 싸우는바 기꺼이 먼저
죽으려 한다. 따라서 한 병사가 쓰러지면 다른 병사가
일어나 앞으로 나아가며 물러섬이 없다. 병사들의 굳세
기가 천하에 이 나라 같은 곳은 없다."

그렇지만 이 같은 군대를 가지고 진격하던 육군, 특히 고
니시 유키나가 부대는 평양에서 앞으로 나아갈 수 없었다.
그렇다고 해서 명나라의 방어가 당시 결코 충분했던 것은 아

니다. 내란이 일어나 그쪽으로 군대를 투입하고 있었기 때문에 일본군을 막는 데 전력을 쏟기는 어려웠다. 또한 그 무렵까지 명나라는 일본군을 그다지 두려워하지 않았다. 따라서 방어에 무게를 두지 않았다.

일본에는 절호의 기회였다. 당시 조선 왕은 의주로 피난가 있었다. 한 걸음만 나아가면 조선 왕을 사로잡는 일도, 명나라 땅으로 침입하는 일도 어려운 일이 아니었다. 그럼에도 불구하고 고니시 유키나가가 수개월을 허비하며 평양에 머무른 것은 어떤 이유 때문이었는가.

후세의 역사가 가운데 고시니 유키나가를 겁쟁이라고 매도하며 공격하는 사람도 있지만, 실제 앞으로 나아갈 수 없는 이유가 있었다. 그것은 해전의 상황을 깊이 생각해보면 자연히 알 수 있다. 지금부터 해전의 줄거리를 서술한다.

일본 수군 장수들은 7백여 척의 병선을 이끌고 히젠肥前 나고야를 출발하여 이키의 가쓰모토, 쓰시마의 이즈하라와 오우라를 거친 다음 육군의 뒤를 이어 1592년 4월 27일에 조선의 동쪽 해안인 부산포에 도착하였다. 곧바로 조선의 서남 해안을 돌아서 계속 육군과의 연락을 유지하면서 바다와 육지가 서로 협력해 함께 북진하려는 생각이었다.

수군은 병선을 여러 부대로 나누어 부산을 떠났다. 남해안을 따라 나아가다가 경상우도수군절도사 원균과 가덕도 근해에서 처음으로 전투를 벌였다. 일본 수군은 먼저 야습을 감행하여 조선 수군의 배 백여 척을 빼앗아 파괴하고, 원균을 도주하게 만들었다. 그런데 이 놀라운 전과를 홀연 분쇄해 도요토미 히데요시의 큰 뜻을 수포로 만들어버린 큰 강적이 나타났다. 다름 아닌 전라좌도수군절도사 이순신이었다.

그는 원균이 패했다는 소식을 듣고 군비를 정비한 다음 함대를 이끌고 7월 7일 경상도 남해안 부근(지금의 칠천도 부근)에 나타나 일본군을 기다리고 있었다. 일본이 승리에 도취해 돌진해오는 것을 보고는 깃발을 올려 자신의 함대를 돌려 거제도 서북단에 면한 견내량(지금의 샤드웰 해만 내의 북부)을 바라보면서 퇴각하였다. 일본은 계략을 눈치 채지 못하고 선두를 다투면서 거제도 서쪽 해안의 해협을 지나게 되자 이순신은 먼저 넓은 바다에 나가 있다가 큰 북을 울리자, 모든 배들이 일제히 뱃머리를 돌려 당당한 진용을 구축하며 일본군의 대열을 흐트러뜨렸다. 일본군의 함대가 좁은 입구를 빠져나오기를 기다렸다가, 그가 일찍이 창조해 만든 거북선을 선두에 세우고 좌우에서 협공하였다. 그리하여 일본군 함대는 사분오열해 다시 결집할 틈도 없이 크게 격파당하였다. 구루시마 야스치카來島康親, 모리 무라하루森村春 등이 이 때 전사하고, 기타 여러 장수들은 겨우 몸을 피해 가덕도의 맞은편인 안골포 부근으로 달아났다.

이순신은 한산도를 근거지로 삼아 확실히 일본군의 서 진을 차단해 그 후 거듭 수회의 전승을 거둠으로써 일본 수 군은 수개월의 기나긴 기간 동안 그저 부산포 내에 엎드려 있을 뿐이었다. 다시 나가 싸울 용기를 갖지 못하니 해상의 권력은 모두 그의 수중에 쥐어졌다. 그리하여 전쟁의 대요소 가 이로써 전부 소멸되어, 질풍과 같이 앞으로 나아가던 육 군도 스스로 고립되는 모양이 되고 말았다. 만 리 머나먼 곳 에서 다시금 마음껏 활동할 수 없게 되었으니, 명나라 국경 을 눈앞에 두고도 고니시 유키나가는 하릴없이 수개월을 평 양에서 허비하지 않을 수 없었다.

대략 한반도로 건너간 일본군의 작전 방침은 조선 수군 을 격파해 일본 수군이 황해에 들어오기를 기다려 비로소 육 군이 명나라 국경에 진입하려는 양상이었다. 그 증거는 총대 장 우키타 히데이에가 고니시 유키나가에게 '전라, 강원의 2 개 도가 아직 평정되지 않았으니 경솔히 진군해 명나라에 들 어가기가 두려운 것은 귀로가 끊기는 것이다. 따라서 잠시 우리 수군을 황해에서 만날 때까지 기다렸다가 수륙 양군으로 나란히 나아가야 한다'고 명령을 내린 점을 들 수 있다.

이것은 실로 지당한 계획이었다. 조선 서해안의 해로가 막히면 비단 육군이 압록강을 건너 전진할 수 없을 뿐만 아니라, 점령지를 지키는 일조차 몹시 어려운 일이다. 고니시 유키나가 휘하의 평양을 지키는 군대는 대략 1만 8천 명에 이르렀다. 따라서 시험 삼아 한번 계산해보면, 하루에 한 사람이 소비하는 양식을 8합合이라고 할 때, 매일 140석의 군량미가 필요하다. 여러 곳에 나누어 주둔하고 있던 전체 군대 19만 명을 위해서는 1,500석 남짓의 많은 양이 된다. 따라서 수십 일 간이라면 약탈이나 징발에 의해 지탱할 수 있다고 해도, 수개월의 오랜 기간 동안에는 반드시 본국에서 공급받지 않으면 안된다.

그런데 해상권이 조선 수군의 수중에 장악되어 있으니, 부산에서 출발해 육로로 가자면 산을 넘고 물을 건너는 수백 리 길을 사람과 말의 힘을 이용해 운송하지 않으면 안된다. 이것은 가장 힘이 많이 드는 좋지 못한 방법이다. 특히 도중 곳곳에서 끊임없이 조선군의 습격을 받게 되는 등 갖가지 장애요소가 많다. 그러다 보니 마침내 당시의 소문에 쌀 한 섬에 금 백 냥을 주어야 한다는 말까지 나돌 정도였다. 이렇게 되어서는 국가경제의 측면에서 보아도 결코 오래 갈 수 없는 것이다.

게다가 이것은 단지 하나의 사례에 불과하였다. 비단 양식 문제만 곤란을 겪은 게 아니라, 각지에 분산되어 있던 군대 사이의 연락이 끊겨 함께 전쟁을 수행하기 어려웠다. 따라서 일본 육군은 하나하나 분열될 수밖에 없었다. 그 중에서도 고니시 유키나가의 군대 같은 경우는 나아가려 해도 어렵고 머물고자 해도 위험하기 때문에, 병사들은 자연스레 귀국하고 싶은 마음을 품게 되었다.

이런 상황에서는 무리해서 하루라도 빨리 화의가 성립되기를 바라는 것이 곧 인류의 상정이다. 명나라 사람은 일본군의 약점을 이용해 강화를 설득하고 고니시 유키나가를 속여 군대를 철수시켰다. 이것은 특별히 명나라 사람이 지혜로워서도 아니고, 고니시 유키나가가 겁을 먹었기 때문도 아니다. 전적으로 해상권을 잃으면 종국의 승리를 거둘 수 없다는 만세불변의 원칙에 반하였기 때문이다.

지금부터 명나라의 일본에 대한 상황을 서술한다. 조선왕이 의주로 피난 가서 거듭 명나라 군대의 도움을 청하였기 때문에, 명나라 조정은 일본군에 대한 대책을 강구하였다.

혹자는 복주福州[*] 근처의 수병水兵으로 수군을 조직해 곧바로 일본 본토를 공격하자는 의견을 내고, 혹자는 당시 명나라에 내란이 일어난데다 더욱이 조선은 경계 바깥이기 때문에 관계하지 말고 놔두는 것이 마땅하다고 주장하고, 혹자는 섬라暹羅^{**}에 사자를 파견해 그곳 군대로 일본을 쳐서 일본군의 예봉을 꺾자는 주장을 폈다. 세 번째 주장도 받아들여져 섬라에 사신을 보냈지만, 효과는 별반 없었다.

아무튼 명나라는 조선을 돕기로 결정하였다. 그 이유는 지금까지 일본 변민(왜구)의 침략을 받았을 때 명나라의 북부가 비교적 안전했던 것은 조선이 있기 때문인데, 조선 땅이 일본의 영토가 되면 몹시 강한 대상을 가까이 두게 되어 중국 북부가 항상 동란에 휩쓸릴 것이므로 조선을 구해야 한다는 것이었다. 그래서 먼저 5천 명의 병사로 평양을 공격하게 하였지만, 고니시 유키나가가 일격에 물리쳤다.

또한 명나라에서 일본군의 상황을 시찰하기 위해 파견한 사람 가운데 설번薛藩^{***}이란 자가 있었는데, 그의 시찰 보고

---

[*]   중국 복건성 일대.

^{**}   시암. 지금의 태국.

^{***} 명나라의 지원군 파병 칙서를 가지고 조선을 방문한 명의 관리. 조선의 사정을 살피고 귀국해 조선의 입장을 변호하는 장계를 올림으로써 명나라 조정의 의심을 해소시켰다.

가 상당히 영향을 끼쳤다. 그 대강의 줄거리는 다음과 같다.

　일본이 조선을 공격하는 진의는 사실은 조선을 공격하는 데 있지 않고, 명나라의 땅을 침략하는 데 있다. 명나라 땅에 침입한 다음 명나라의 수도를 함락해 멸망시키려는 것이 큰 목적이다. 지금까지 조선이라고 하는 존재가 있었기 때문에 비교적 일본의 피해를 적게 입었지만, 만일 왜인이 조선을 점령하면 설령 섣사리 명나라를 공격해오시 않더라도 조선과 인접해 있는 영토의 백성들은 하루도 편히 잠을 잘 수 없을 것이다. 일본군이 조선을 취하면 때를 보아 곧바로 육로로 명나라에 침입하기도, 바다를 건너 천진을 공격하기도 쉽다. 그때가 되면 제국의 수도는 큰 소동에 휩싸이게 될 것이다. 따라서 반드시 조선을 구해야 한다. 조선을 구하는 일은 하루 빠르면 하루가 이익이고, 하루 늦으면 하루가 불이익이다. 지금은 조선인이 일본군을 원망하고 있지만, 일본군이 오래 머물면 백성의 마음을 얻을 것이다. 그때는 되돌릴 수가 없으니 조선의 민심이 일본에 기울지 않도록, 하루빨리 대군을 일으켜 조선군과 함께 공격에 나서야 한다. 하지만 준비에 시일이 필요하므로, 일시 거짓 강화를 하는 것이 옳다.

　이 같은 계책이 채택되어 심유경沈惟敬이라는 자가 강화

그림 3-5

1593년 1월 명나라와 조선 연합군이 일본군이 점령중인
평양성을 공격해 탈환하는 모습을 그린 〈평양탈환도〉.
명나라 장수 이여송은 집중 공격에도 불구하고 많은 부상자가
발생하자 일본군에게 퇴각로를 열어주었다. 고니시 유키나가는
군량과 무기가 다 떨어지고 원군도 오지 않자 하는 수 없이
밤중에 군사를 거두어 한양 쪽으로 후퇴하였다. 평양성 탈환은
임진전쟁의 전세를 역전시키는 중요한 전투였다.

담판사로 뽑혔다. 이 사람은 일찍이 변민 왜구에게 항복해 일본에 온 일이 있어서, 일본의 인정 풍속을 잘 아는 몹시 간계에 능한 사람이었다. 그렇지만 담판사가 되어 참석한 고니시 유키나가는 처음부터 하루빨리 강화를 맺고 싶다는 생각이 간절하던 참이라서 이해득실을 깊이 연구할 겨를이 없었다. 일본 수군이 패배하였을 뿐 아니라, 한편으로 식량의 곤란, 다른 한편으로 전염병의 유행 때문에 곤혹스러운 상황이었기 때문이다. 그 틈을 이용해 심유경이 설득하러 와서 강화의 이익을 피력하였다.

이때의 조약은 분명하지 않다. 살펴보아야 할 부분은 책봉冊封 문제의 표면화였던 듯하다. 심유경의 생각으로 책봉이란 도요토미 히데요시를 일본국 왕에 봉한다는 의미이지만, 이를 명백히 못 박지는 않았다. 고니시 유키나가는 도요토미 히데요시를 명나라 왕에 봉하는 것으로 책봉을 해석했던 것 같다. 이는 그가 마음으로 진정 그렇게 생각했던 것인지 혹은 후일의 책임을 면하기 위해 이처럼 해석했다고 꾸민 것인지 알 수 없다.

어쨌든 강화에 동의한 심유경은 50일의 휴전을 약속하고 일단 돌아갔다. 그리고 다시 와서 명나라 조정이 승낙했다고 전했다. 게다가 명나라 대신을 인질로 보낼 예정인데,

그것은 나중에 보내주기로 했으니 기대해달라고 말하고 돌아갔다. 이것이 평양조약이다.

하지만 명나라 조정은 한편으로 강화를 꾀하면서도 이에 관계없이 대장 이여송李如松 등의 군대를 파견하였다. 이여송의 조상은 조선인으로 형제 다섯 사람이 모두 명나라의 군인이 되어 있었다. 그 중에서도 이여송이 가장 군사 전략이 뛰어났다. 그는 강화를 추구하지 않고 전투 준비를 제법 갖추어 참전하였다.

이여송은 고니시 유키나가가 방심하고 있던 틈을 이용해 일거에 일본군을 격파하려고 생각하였다. 그리하여 4만의 병사를 이끌고 급히 평양을 공격하였다. 고니시 유키나가의 군대는 불의의 공격을 받아 전사자가 5, 6천 명이나 발생하였으며, 평양을 버리고 한양 쪽으로 패주하였다.

승기를 잡은 명나라 군은 고니시 유키나가를 추격해 압박하는 한편 함경도에 들어가 고립되어 있던 가토 기요마사를 향해 "우리 군대 40만이 평양성을 무너뜨리고 한양을 수복하였다. 귀하는 속히 조선의 왕자를 돌려주고 군대를 물려 퇴각하라"는 편지를 보냈다. 가토 기요마사는 이에 대해 이렇게 답하였다.

"기요마사는 명을 받들어 싸울 뿐 명나라가 이르는 대로 화친할 생각이 없다. 우리 군대는 요즈음 무료함에 괴로워하고 있나니, 그대의 군대가 공격해오면 모두 죽이고 만주와 중국대륙을 깨부순 다음 개선할 것이다. 지금이 기요마사가 나라에 보답할 때로다."

그 기개에 놀란 명나라 군은 가토 군을 상대하지 않고 돌아가 한양 쪽을 압박하는 데 힘을 모았다. 이때 많은 장수들은 명나라 군을 당할 수 없다고 했지만, 고바야카와 다카카게는 명나라 군을 격파하지 않으면 안된다고 생각해 벽제관에서 명나라 군과 싸웠다. 그는 2만의 병력으로 명나라 10만 군대와 전투를 벌여 명나라 병사 1만여 명을 사살하였다.

명나라 군은 대패하였다. 이여송도 말에서 떨어져 겨우 달아날 수 있었다. 홀연 자신의 뜻이 좌절되자 이여송은 심유경에게 부탁해 강화를 계속 추진하였다. 터무니없는 자신들 위주의 제안이었지만, 일본 장수들 역시 이에 응해 한양에서 담판을 열었다.

이와 같이 무리한 일이 진행된 사정 또한 수군이 막혀 성과를 내지 못한 것이 원인이었다. 가토 기요마사 홀로 강화를 인정하지 않았지만, 끝내 받아들여지지 않았다. 당시 7개조의 약속이 이루어졌다.

1. 포로를 돌려준다.
1. 경상, 충청, 전라의 3도를 제외하고는 조선에 돌려준다.
1. 공물을 가지고 입조入朝한다(일본 장수들은 이를 인교隣交
   의 예禮라고 해석).
1. 책봉(일본 장수들은 도요토미 히데요시를 명나라 왕으로
   삼는다고 해석).

뒤의 3개조는 후세에 전하지 않지만 이것이 곧 한양조약
이다. 다시금 나고야 조약이라고 일컬어지는 것이 이어서 체
결된다. 다름 아닌 1593년 5월 심유경 외 2명의 명나라 사신
과 고니시 유키나가가 부산에서 나고야로 건너가 다시 맺은
조약이다. 그 내용은 다음과 같다.

1. 명나라 황제의 공주를 맞아 일본의 후비后妃로 삼는다.
1. 관선과 상선을 왕래하도록 한다.
1. 양국의 전권대신이 서로 통교를 약속한다.
1. 8도를 나누어 4도와 도성을 조선 국왕에게 돌려준다.
1. 조선의 왕자와 대신을 볼모로 일본에 보낸다.
1. 포로가 된 조선의 두 왕자를 돌려준다.

그림 3-6

일본군의 출전 전진기지였던 나고야 성 항만을
묘사하고 있는 그림 〈肥前名護屋城図〉(병풍).
항만에 몇 척의 안타케부네가 떠 있다.

1. 조선 국왕의 권신이 일본을 배반하지 않겠다는 서약을
   한다.

그래서 일본에서 사신을 뽑아 심유경 등과 함께 명나라
에 파견했다. 심유경은 일본 사신을 수도 바깥에 머물게 해
놓고 쉽게 답을 주지 않았다. 그는 1594년이 되어서야 다음
의 세 가지 사항을 조약의 내용으로 하자고 제안했다. 첫째,
모든 왜병을 철수한다. 둘째, 책봉을 허하되 공물은 허하지
않는다. 셋째, 조선을 범한 자들은 반드시 처벌한다.

이와 같은 여러 가지 일로 시일을 허비하고 있는 사이에
명나라 쪽은 방어를 충실히 하려는 계책으로 1595년에 고니
시 유키나가 등에게 관직을 주었다. 1596년 일본 사신은 명
나라 사신과 함께 나고야에 돌아오면서 명나라 관복 등을 가
지고 왔다.

도요토미 히데요시는 자신을 명나라 왕으로 봉하는 줄로
생각하였다. 그는 명나라 옷을 입고 제후들에게도 명나라 옷
을 입게 한 다음 조약 문서를 읽어보았다. 그 가운데 '그대를
일본 왕에 봉한다'고 한 내용이 있었다. 도요토미 히데요시는
격노하여 '일본에는 상조정上朝廷이 있다. 우리 일본에 대해 명
나라가 참견할 권리는 없다. 이는 전적으로 우리를 기만한 것

이다'라고 하며 곧바로 다시 원정군을 출정시키게 되었다.

이미 기선이 꺾여 있었기 때문에 임진전쟁 때만큼 군대의 사기가 오르지 못한 것은 실로 유감이었다. 앞서 서술한 무례한 조약도 모두 임진전쟁 당시 수군이 전과를 거두지 못했던 것이 원인이었다.

이와 같이 명나라와 5년간 교섭한 화의는 1596년에 이르러 파탄이 나고 말았다. 그리하여 다시금 군대를 내어 조선을 치게 되었다. 조선으로 건너갔던 장수들은 화의 중에 모두 일본으로 돌아와 있었는데, 다시 23만의 군대를 정비해 진영을 나누었다. 선봉은 가토 기요마사와 고니시 유키나가가 일일교대로 맡았다. 무엇보다도 고니시 유키나가는 전에 명나라 사신에게 속은 죄가 있기 때문에 공을 세워 갚으려 하였다. 수군은 도도 다카토라, 가토 요시아키, 와키자카 야스하루의 3명이 총독이 되었다.

드디어 출진하려 할 때에 도요토미 히데요시는 장수들에게 '저번 전쟁에서 아군이 성공을 거두지 못한 것은 수군이 대패해 수군과 육군이 서로 호응할 수 없었던 것이 주요인이다. 이번에는 용감히 싸워 적의 수군을 무찌름으로써 이전의 치욕을 씻으라'고 명령하였다.

고니시 유키나가는 공을 세워 죄를 갚으려고 생각해 임진전쟁에서 일본 수군을 매번 격파해 용명을 날린 이순신을 나쁘게 말하는 유언비어를 조선 조정에 퍼뜨렸다. 이순신이 한산도를 근거지 삼아 일본의 해상 세력을 제압하면서도 시종 물러나 지키는 방침만 취한 것이 실책이라는 것이었다. 그 때문에 이순신은 감옥에 갇히고, 무능한 원균이 이순신을 대신해 수군 대장이 되었다.

마침내 1597년 정월부터 일본군은 진군을 시작하였다. 육군은 임진전쟁 못지않은 기세로 경상, 전라, 충청의 3도를 잠깐 사이에 점령하였다. 이때도 해운海運이 충분하지 않아서 양식을 현지에서 구해야 했다. 하지만 조선의 농토가 전쟁으로 몹시 황폐해져 도저히 그럴 가망이 보이지 않았다. 수군이 반드시 서해안으로 나오기를 기다리지 않으면 안되었다. 육군은 충청도 직산 부근에서 행군을 중지하고 하릴없이 일본 수군이 조선 수군을 제압하고 서해안으로 진출하기를 백여 일 동안이나 기다렸다.

따라서 명나라에서도 조선에서도 그 사이에 충분히 방어가 가능했다. 특히 명나라는 대군을 일으켜 참전하였는데, 저 유명한 가토 기요마사의 울산 농성전도 이때의 일이다.

수군은 처음에는 임진전쟁 때보다 좋은 전과를 올렸다.

그것은 전적으로 이순신이 없었기 때문이다. 그 당시는 원균이 이순신의 뒤를 이어 한산도를 근거로 하면서 당도에 머물고 있었다. 1597년 7월 10일 밤, 몰래 당도에 있는 조선 함대 가까이 접근한 일본 수군은 재빨리 세 발의 대포를 쏘며 진격해 조선 수군을 크게 무찔렀다. 불에 탄 병선이 2백여 척에 이르렀다. 대적할 수 없다고 느낀 원균은 한산도에 틀어박혀 그곳을 지킬 뿐 나가 싸우려는 결심을 보이지 않았다.

조선 조정은 원균에게 나가 싸우라고 거듭 독촉하였다. 원균은 조정의 지시를 거스를 수 없어 7월 15일 모든 전선을 이끌고 부산에 있는 일본군 근거지를 내습하였다. 일본군은 이 모든 것을 정찰하고 있었다. 그리하여 미리 가덕도에 병사를 매복시키고 절영도 부근에 나가 조선 수군을 세차게 몰아붙였다. 종일토록 싸우다가 밤이 될 무렵 때마침 바람이 일자, 원균의 병사들은 피로한 나머지 가덕도로 물러나 섬에 올라 휴식을 취하였다. 이때 일본군 복병이 일거에 공격을 가해 조선 수군을 궤멸시키고 원균은 전사하였다. 이처럼 대승리를 거두고 조선 수군의 근거지인 한산도를 점령함으로써 조선 남해안의 해상권이 처음으로 일본의 손에 들어왔다.

이 소식을 들은 조선 조정은 몹시 경악하였다. 임금과 신하 모두 새파랗게 질려 마침내 다시금 이순신에게 삼도수군

통제사를 제수하였다. 그는 다시 일본 수군을 향해 경천동지할 대운동을 개시하기에 이르렀다.

이순신은 명을 받듦과 동시에 군사 한 명을 데리고 전라도에 들어갔다. 밤낮을 잠행한 끝에 회령포에 이르렀다. 그곳에서 다행히도 13척의 전선을 얻어 작은 부대를 조직하였다. 그러나 세력이 미약하기 때문에 한 계책을 고안하였다.

그는 진도로 건너가 일본 수군의 진로를 살피면서 전라도 서남 해안과 진도의 동쪽 해안 명량도 사이의 몹시 좁은 해협에 철쇄를 설치하였다. 바닷속 철쇄에 걸려 그 위를 지나가는 배가 넘어지도록 하려는 기도였다. 그의 고안은 오늘날 수뢰를 부설해 적을 곤란하게 만드는 작전과 같은 것이다.

일본 수군은 전혀 이를 모르고 만조 때를 기다렸다가 조류를 이용해 해협을 통과하려고 하였다. 간 마사카게는 병선 2백여 척을 이끌고 지금의 워싱턴 만에서 진도의 동쪽 해안을 돌아 해협으로 들어섰다.

이때 이순신이 기회를 보아 재빨리 철쇄를 끌어당겼기 때문에, 선봉에 섰던 일본 수군의 함선 13척이 전복되었다. 뒤따르던 배들은 방향을 돌리려 하였지만, 조류에 떠밀려 손을 쓸 수가 없었다. 배들이 서로 충돌하며 부서지거나 침몰하는 몹시 낭패스러운 상황이 벌어졌다. 이 틈을 타고 이순신은 13척의 선대를 지휘하며 공격해왔다. 그는 조류를 이용해 대포를 쏘며 분전하였다. 간 마사카게는 전사하고 선봉대는 산산조각으로 부서졌다.

다른 부대는 이순신이 출전했다는 소식을 듣고 기가 꺾여 모두 섬 그늘 또는 만 내로 잠복하였다. 겨우 얻은 해상권은 다시금 이순신의 손아귀에 장악되었다. 이순신은 새로이 병선을 모으고 5, 6천 명의 군사를 얻어 다음해 2월에는 고금도로 나아가 주둔하였다. 이순신이 모든 해상을 제압함으로써 일본 수군과 육군의 연결은 다시 끊기게 되었다.

일본이 수로를 잃은 것과는 반대로 명나라는 수로의 이점을 살리기 위해 부심하였다. 명나라는 임진전쟁에서도 수로를 활용하였지만 아직 충분하지는 않았다. 그런데 이번에는 더 많은 수병을 모집해 기세 좋게 항해해왔다. 하지만 앞에서 기술한 원균의 패전 소식은 명나라 군에도 영향을 주었다. 여순에 운집해 있던 명나라 수병 3천 명은 한강과 대동강의 길목에서 일본 수군을 방어할 계획이었다. 그렇지만 이순신이 승리하였기 때문에 안심하고 대동강 인근 지역까지 양식을 운반할 수 있었다. 이처럼 명나라 군대는 대단한 편리를 획득하게 되었다. 일본군은 수군이 패해 해상권을 잃음으로써 육군도 한층 곤란해졌다.

그러는 동안에 4월이 되자 명나라 장수 진린이 수군 5백 척을 이끌고 와서 이순신의 군대에 합류하였다. 그들 군대의 위세는 더욱 높아지고 일본 육군은 점점 궁해져 직산에서 더는 앞으로 진군하지 못하게 되었다. 결국 부산에서 9백 리밖에 나아갈 수 없었다.

그런데 1597년 8월 도요토미 히데요시가 죽으면서 조선 출병을 거두라는 유언을 남겼다. 그 소식은 10월 들어 조선에 주둔하고 있던 장수들에게 전해졌다. 이보다 조금 앞서 시마즈 요시히로가 겨우 2천의 병사로 명나라 10만 군대를 사천에서 격파해 수십 리 바깥으로 쫓아냈다. 명나라 장수들은 크게 두려워해 상투적인 수법인 화의를 제안했다. 일본 장수들은 이 무렵 도요토미 히데요시가 죽었다는 소식을 접했기 때문에 화의를 받아들였다.

장수들은 각 부대의 철수 시기를 약속하여, 시마즈 군은 11월 15일에 사천을 떠나고, 가토의 군대는 17일에 울산을 떠났다. 도요토미 히데요시의 죽음은 얼마 못 가 명나라와 조선인의 귀에 들어갔다.

이순신은 철수하는 일본군을 해상에서 격파하려고 했다. 그는 명나라 군대와 함께 천여 척의 병선을 이끌고 고금도를 출발해 동쪽으로 나아갔다. 이순신은 육지의 병사들과 호응하면서 고니시 유키나가를 순천에서 포위하였다. 고니시 유키나가는 시마즈 요시히로에게 원군을 청하였다. 이때 명나라 장수가 경솔하게 군대를 움직였기 때문에 일격에 이를 격파하고 명나라 배 40여 척을 빼앗았다. 하지만 오래 머무를 수 있는 상황이 아니라서 가토 기요마사, 시마즈 요시히로 등의 군대와 호응하며 남해도 해변으로 항해하였다.

이순신은 함대를 둘로 나누어 남해도의 북부 해인과 육지 사이, 곧 1해리 정도의 해협을 이루고 있는 관음포를 장악한 채 아군의 귀로를 막으려고 하였다. 11월 18일 시마즈 요시히로가 먼저 이순신과 회전하였는데 미처 승패가 갈리지 않았다. 다음날 이순신은 모든 힘을 다해 일본군을 맞아 분투한 지 몇 시간 만에 일본 병선 2백여 척을 불태우기에 이르렀다. 하지만 이때 이순신은 싸움을 독려하던 중에 일본군의 탄환이 가슴을 관통해 전사하였다.

일본군은 겨우 사지를 벗어나 귀국할 수 있었다. 이러한 이유로 7년간의 전쟁에 병사들을 동원하였지만 재미없는 결과로 끝이 났다.

옛날부터 일본의 많은 역사가들이 임진전쟁을 기술할 때 일본군의 용맹함을 일컬어 천하무적이었다고 자랑할 만

그림 3-7

명나라 종군화가가 그린 〈정왜기공도征倭紀功圖〉 속의
노량해전 장면. 일본 병선 2백여 척이 불에 타 마치 바다가
붉게 타는 듯이 그려져 있다.

큼, 한 사람 한 사람의 무용은 당시 세계에 비견할 데가 없었
다. 또한 육군은 백전백승하였다. 하지만 결과가 좋지 못했
던 것은 수군이 패배한 데 원인이 있다. 그 패배하게 된 이유
를 연구한다면 하나의 참고가 될 것이라고 생각한다.

첫째는 일본 수군이 평소의 소양 훈련을 결여하고 있었
던 점이다. 도요토미 히데요시는 비범한 재주와 지혜를 갖추
고 있던 사람이기 때문에 수군을 가벼이 보았을 리 없다. 도
요토미 히데요시는 그 당시 일본에 와 있던 스페인 신부에게
스페인 대선박 5, 6척을 구매해오면, 조선을 정벌하고 나아
가 명나라마저 일본 제국의 범위가 되었을 때 그쪽의 종교를
포교하게 해주겠다고 말한 일이 있다. 또한 정유전쟁을 앞두
고 이전의 임진전쟁에서 크게 성공하지 못한 것은 수군이 패
했기 때문이라며 장수들을 꾸짖은 일은 모두 수군을 경시하
지 않고 중요하게 생각했다는 증거이다.

안타까운 것은 수군이 잘하고 못하는 것은 전적으로 평
소의 훈련에 있음을 깨닫지 못하고, 오직 다수의 전선을 건
조해 병사들을 실으면 곧바로 우세한 수군을 조직할 수 있다
고 오해한 일이다. 이것은 마치 프랑스 황제 나폴레옹이 명
령 하나로 능히 해군을 편성할 수 있다고 믿었던 것과 같다.

나폴레옹은 러시아에 패한 뒤 순식간에 대단한 위용을 갖춘 육군 정예부대를 모았다. 해군도 마찬가지라고 생각했다가 끝내 영국 함대에게 대패하고 말았다.

어떤 논자는 훈련할 겨를이 없었다고 말한다. 앞에서 말한 바와 같이 도요토미 히데요시가 명나라 정복을 여러 장수들에게 공언한 것은 1586년으로 조선 정벌 6년 전의 일이었다. 따라서 도요토미 히데요시에게 수군의 훈련이 참으로 필요하다는 것을 인식시켰다면, 틀림없이 이 무렵부터 병선을 제조하고 수병도 모집했을 것이다. 더불어 그 방면의 뛰어난 장수에게 훈련을 시키도록 명해 후일을 준비했을 것이다. 이것은 몹시 쉬운 일이었다. 유력한 수군만 조직했다면 조선 수군에 연전연패해 모든 해상권을 잃는 일은 결코 없었을 것이다.

하지만 1587년 들어 도요토미 히데요시는 변민 왜구의 해외 침략을 엄금하는 조치를 취한다. 한편으로는 국내에서 자신의 권위를 보이기 위해, 다른 한편으로는 이웃나라에 호의를 표하기 위해서였다. 특별히 정부의 지휘 아래 수군을 장려하는 일에 힘쓰지 않았기 때문에, 일시 발달했던 여러 형태의 수군은 이 엄령과 함께 점차 쇠퇴하였다. 껍데기만 남긴 채 활기 잃은 모습이 되었을 뿐 아니라 조선 기술도 퇴보하였다. 원정에 임해서야 병선과 운송선이 부족함을 깨닫게 되었다.

그리하여 원정에 나서기 채 1년도 남지 않은 시점에 갑자기 선박 제조에 착수하였다. 배가 완성되자마자 곧장 바다를 건너야 했기 때문에 잠시라도 해전을 연마할 겨를이 없었다.

이에 반해 조선 조정은 고려시대 이래 매번 우리 변민의 침략에 골머리를 앓았기 때문에, 명나라와 마찬가지로 수군이 아니면 이를 막을 방법이 없음을 깨닫고 있었다. 그리하여 수십 년 전부터 국방 분야의 가장 큰 무게를 수군에 두고 연구를 게을리하지 않았다. 뿐만 아니라 이순신을 지방 관리에서 선발해 수군절도사의 중임을 맡겼다. 이순신은 담대하고 활달함과 동시에 정밀하고 치밀한 수학적 두뇌를 지녔다. 그는 전선의 건조, 진법의 변화, 군사전략, 전술에 이르는 모든 부문을 자신의 뜻대로 개량해 성공을 거두었다. 뿐만 아니라 거제도에서는 지형을 이용하고 진도에서는 조류를 응용하는 등의 갖가지 뛰어난 계책을 시행하여 매번 승리하였다. 조선의 안녕은 이 사람의 힘 덕분이었다. 그리하여 재상 유성룡은 다음과 같이 말하고 있다.

"적은 원래 수군과 육군의 세력을 합쳐 서쪽을 공격하려고 했다. 하지만 이 한 번의 싸움으로 마침내 적의 한쪽 팔을 끊어버렸다. 고니시 유키나가는 비록 평양을 점령하였지만 세력이 고립되어 더 이상 진격할 수 없었다. 우리는 전라도와 충청도를 보존함으로써 황해도와 평안도 연안 일대에 군량을 조달하고 지휘 전달체계를 가능케 하여 나라를 중흥할 수 있었다. 뿐만 아니라 요동과 천진 등의 지역이 전쟁의 화를 피하게 되어 명나라 군대가 육로를 통해 우리를 구원함으로써 적을 물리치기에 이르렀다. 이는 모두 이 한 번의 싸움에서 이겼기 때문이다."

지극히 마땅한 말이다. 실로 일본 수군의 훈련의 결여가 승리를 얻지 못한 주요인이다.

둘째는 수군 총대장을 두지 않았던 일이다. 일본 수군도 육군에 뒤지지 않을 만큼 개인적 무용으로는 종종 일본 무사의 본령을 발휘하였다. 조금도 흠잡을 데가 없는 한 예를 들자면, 정유전쟁이 시작되던 초기에 당도에서 원균과 싸웠을 때를 묘사한 다음과 같은 기록이 있다.

"가토 요시아키가 작고 날랜 배를 타고 맹렬히 나아갈 때에 적의 한 거선이 쇠뇌를 줄지어 늘어놓고 막으려 하였다. 요시아키는 분노의 칼을 휘두르며 적선에 뛰어

들어 스스로 수십 명을 죽이고는 순식간에 그 배를 빼앗았다. 그러고는 다른 적선으로 옮겨가려다가 넘어져 바다에 떨어지자, 고물을 잡고 펄쩍 뛰어오르며 힘들게 싸워 또 그 배를 빼앗았다.

그때 날아온 화살 하나가 그의 넓적다리에 맞아 옷에 피가 흥건히 젖었음에도 아랑곳하지 않은 채, 멀리서 동료들을 향해 '적의 배를 빼앗았다'고 외쳤다. 곁에서 이를 지켜보자니 그 의기가 늠름한바, 병사들의 사기를 위해 분기했다."

그렇지만 수군은 한 사람 한 사람은 강했어도 수군 전체의 움직임을 일치시키는 데는 결코 주효하지 못했다. 수군에게 가장 중요한 것은 본시 배가 싸우게 하는 것이지, 사람이 싸우게 하는 것은 아니다. 어떤 경우는 단독으로 돌진하는 것이 오히려 해가 되는 일이 있다. 따라서 병사다운 모습은 어디까지나 침착히 명령에 복종하며 각자의 본분을 지키는 일이다. 하나의 배는 한 사람과 같이, 하나의 부대는 하나의 배와 같이 전군이 서로 협력해 진퇴를 자유로이 할 때, 비로소 우수한 수군이라 일컬을 수 있다. 무용을 과시하며 경솔히 공격한다든지 공을 다투는 일은 가장 엄금해야 한다.

그렇기 때문에 군대의 전권을 쥐고 일치된 움직임을 도모할 수 있는 총대장을 두는 것이 무엇보다 필요하다. 도요토미 히데요시는 동등한 권한을 지닌 9명의 장수에게 수군을 맡기고, 단지 7개조의 약속을 지키게 했을 뿐이다. 그것은 다음과 같다.

1. 수군 전체의 의결이 어려울 때는 다수에 의해 그 적절함을 택한다.
1. 각 배가 위기를 맞으면 신속히 서로 구조한다.
1. 적의 계략을 탐지하면 서로 알린다.
1. 군공軍功의 경중을 정확히 가려 부정하거나 불공평하지 않게 한다.
1. 다른 사람의 공로를 훔쳐 자신의 공으로 삼지 않는다.
1. 각 장수들은 반드시 염탐선 2척을 낸다.
1. 본국에 보고할 모든 일은 반드시 먼저 감군監軍을 거칠 것이며, 내게 고하지 않는다.

이러한 7개조의 약속을 장수들 간에 맺게 했지만, 그것은 형식적인 것일 뿐이었다. 결국 무효가 되고 말았다. 거제도 해전에 앞서 이미 와키자카 야스하루와 가토 요시아키 두 장수 사이에 틈이 벌어졌다. 와키자카 야스하루는 대선 거포를 사용해 먼저 싸우자고 주장했지만, 가토 요시아키는 먼저 작은 배로 적을 속인 다음 결전을 벌이자고 주장하였다.

끝내 가토 요시아키는 화를 내며 자기의 말을 들어주지 않으면 알아서 진격하겠다고 말하고는, 정찰도 하지 않고 다른 부대에 통지도 하지 않은 채 출항하였다. 다른 장수들도 섭벅었다는 말을 들을까 두려워해 모두 뒤를 따랐다. 그 때문에 이순신의 계략에 빠져 벽두 첫 번째 전투에서 회복할 수 없는 대패를 당했다.

또한 정유전쟁 당시 한산도에서 원균을 격파한 다음 도도 다카토라와 가토 요시아키가 크게 그 공을 다투었다. 도도 다카토라가 선봉으로 쳐들어간 공은 자신에게 있다고 하자, 가토 요시아키는 칼을 만지작거리며 지금 한마디 하라면 칼을 한번 시험해보고 싶을 뿐이라며 꾸짖었다. 다른 장수들의 화해 주선으로 그 자리는 별일 없이 마무리되었지만, 두 장수는 그 후 교류를 끊기에 이르렀다.

이렇게 서로 다투는 것은 총대장이 없기 때문이었다. 따라서 가능한 한 자신의 계획을 다른 장수에게 알리지 않는 양상이 펼쳐졌다. 적의 계책을 탐지했다든가 지형지세를 알아냈다 하더라도 다른 부대에는 비밀로 하였다. 될 수 있으

면 다른 부대는 실패하고 자신만이 공을 세우고 싶은 생각
에, 9개 부대가 각기 따로 군법이며 전법을 전개하는 기괴스
러운 모습을 드러내었다. 따라서 힘을 합쳐 적을 깨부수는
일은 어렵게 되었다.

이에 반해 이순신은 싸움에 능할 뿐 아니라 만사에 장군
다운 그릇을 갖추고 있었다. 정유전쟁이 막바지로 치달을 무
렵에는 명나라 수군과 조선 수군이 함께 머물게 되었다. 명
나라 장수 진린은 이른바 소인배로 자기가 공을 취할 뿐 이
순신에게는 공을 넘겨주지 않을 생각이었다. 이순신은 늘 정
중하면서도 엄격해야 할 곳은 어디까지나 엄격히 하는 한편,
전투를 마친 다음에는 항상 공을 진린에게 양보하였다. 그런
까닭에 소인배인 진린도 마침내 이순신에게 감복해 그를 고
금의 명장이라며 우러르게 되었다.

진린은 무슨 일이든 반드시 이순신과 의논해 처리하였
으며, 함부로 간섭하지 않았다. 뿐만 아니라 명나라 수군마
저 모두 이순신에게 맡겼다. 이순신은 동일한 규율로 명나라
군대까지 지휘할 수 있었다.

진린은 '이순신은 천하를 다스릴 만한 인재요, 무너진 하
늘을 채울 만한 큰 공이 있다'며 입에 침이 마르도록 칭송하
는 보고를 작성하였다. 나중에 이순신이 죽었을 때는 땅에

쓰러져 통곡하였으며, 명나라 군사들 또한 육식을 삼간 채 조의를 표하였다고 한다. 일본 장수들이 공을 다툰 모습과 이순신의 행동을 대조해보면 몹시 차이가 있다. 이 역시 승패를 가른 원인 가운데 하나였다고 생각한다.

세 번째는 상대의 조선술이 비교적 발달해 있던 점이다. 당시 일본의 병선은 목소로 된 작은 배로, 그 종류도 전선戰船, 척후선, 대포선, 수선水船, 마선馬船, 짐배 등에 불과하였다. 조선은 무엇보다 금속판으로 만든 거북선(금속으로 전선을 만든 것은 세계 각국 가운데 이순신이 창조자일 것이다)이 있으며, 그 밖에도 전선, 방선防船(수군 60여 명이 탈 수 있는 병선), 병선兵船(전쟁 장비를 갖춘 전선의 하나), 사후선伺候船(척후용 전선의 하나), 급수선, 거룻배, 탐선探船(정탐의 임무를 수행하는 배), 협선挾船(큰 전선에 딸린 작은 배), 추포선, 소맹선小猛船(작은 싸움배의 하나), 해골선海鶻船(군함의 한 가지)과 별도의 작은 배 등을 가지고 있었다. 그뿐 아니라 명나라 군의 누선樓船(다락이 있는 배), 조미복선鳥尾福船, 창선艙船, 팔라선八喇船, 용조龍槽, 동작선팔장動作船八槳, 해도海舠 등이 있었으니, 일본보다 우수했던 것은 명백하다.

기타 지세의 관찰과 해저 수심, 풍향, 조류 조사 등이 모두 상대에 미치지 못했던 것 역시 패배의 한 원인이었음에 틀림없다.

다만 불행 중 다행이었던 것은 상대가 내내 해상권을 장악하고 있었음에도 불구하고 항상 소극적 방어에 주력해 적극 공세를 취하지 않았던 점이다. 가령 우리 육군이 바다를 건널 때 이를 도중의 해상에서 공격한다든지 혹은 상륙 후에 부산과 쓰시마 사이의 항로를 차단해 본국과의 교통을 막았다면, 한층 더 곤란했을 것이다. 이를 시행하지 않은 것은 그들도 국방에 관한 해상권의 활용을 충분히 알지 못했던 까닭이다.

때문에 조선은 7년이라는 긴 세월 동안 8도를 적의 말발굽 아래 유린당해야 했으며, 종국의 승리를 거두었음에도 불구하고 경제생활의 모든 면이 쇠퇴하고 국력도 피폐해졌다. 그 손실의 크기는 당시에 그치지 않고 오늘에 이르러서도 아직 회복이 불가능할 정도이다. 이것은 무엇보다도 국민을 위한 국방책을 강구해야 하는 시점에서 깊이 살피지 않으면 안 되는 점이다.

옮긴이의 말

임진전쟁은 우리 민족이 겪은 가장 처절한 전쟁이었다. 7년에 걸친 전쟁의 서전緒戰은 불과 한 달 만에 한양이, 두 달 만에 평양이 일본군의 발굽 아래 짓밟히면서 시작되었다. 질풍과 같이 나아가던 일본군의 발걸음을 붙들어 세운 것은 이순신의 수군이었다. 그리고 마침내 그들을 이 땅에서 몰아낼 수 있었다.

"내가 평생을 두고 경모하는 바다의 장수는 조선의 이순신이다. 넬슨이 세계적인 명장으로 명성이 높은 것은 누구나 잘 안다. 하지만 넬슨은 인격이나 창의적 천재성에서 도저히 이순신 장군에 필적할 수 없다."

"후세의 누군가 이순신을 위해 붓을 쥐게 된다면 조선의 운명은 이순신 덕분에 회복될 수 있었음을 기록해야 할 것이다."

이 같은 찬사는 아이러니하게도 일본인의 붓 끝에서 먼저 나왔다. 일본군과 악전고투하며 싸우는 이순신을 선조는 오히려 시기하며 죽이려 했다. 이순신은 아무 죄도 없이 백의종군이라는 치욕을 감내해야 했다. 죽어서도 온당한 대우를 받았다고 보기는 힘들다. 이순신의 행장과 유고를 묶은《충무공이순신전서》가 정조 때 간행되기는 했지만, 일부 식자층과 남해 연안 백성들을 제외하고는 이순신의 이름은 점점 잊히고 있었다.

그래서 이순신을 명장으로 높게 평가한 시바 료타로司馬遼太郎 같은 작가는 '이순신을 발견한 것은 메이지 일본 해군'이라는 말을 불쑥 내뱉었을 것이다.

이 책에 실은《조선 이순신전》(1892)은 우리나라를 포함해 모든 이순신 전기의 효시다. 임진전쟁에 참가한 일본 수군의 전모를 비판적으로 살피면서 이순신을 조명하는 내용이다. 이 소책자는 메이지 시기 일본에서 이순신 신화가 만들어지는 기폭제가 되었다. 신채호의《수군 제일위인 이순신》은 이 책이 출간된 지 16년 후에야 쓰였다.《조선 이순신전》은 박은식의《이순신전》(1915), 이윤재의《성웅 이순신》(1931) 등 우리 저자들에 의한 이순신 전기의 집필에도 영향을 끼쳤다.

《조선 이순신전》은 일본 육군 장교들의 친목단체인 가이코샤에서 출간(기관지《偕行社記事》의 부록)되었다. 저자가 누구인지는 논란이 있다. 책에 표기된 저자는 시바야마 나오노리柴山尚則이다. 시바야마 나오노리의 서문이 들어 있고, 본문 시작 부분에 '육군 보병 대위 시바야마 나오노리'라고 적혀 있다. 하지만 그는 서문에 '벗 세키코세이惜香生가 조선에서 자신이 지은 〈수군통제사 이순신전〉을 인편에 보내왔다'고 쓰고 있다.

또한 책 말미에 세키코세이가 시바야마 나오노리에게 보낸 편지가 수록되어 있는데, 편지 속에서 세키코세이는 자신이 이 책을 집필했다는 사실을 밝히고 있다. 또한 원고를 살펴 바로잡아준 것을 사례하면서 출간의 가부를 판단해주길 희망하고 있다. 따라서 세키코세이가 저자이고, 시바야마 나오노리는 감수자이자 출판을 주선한 사람으로 보는 게 타당해 보인다.

한편 세키코세이가 누구인지도 명확하지 않은 상태다. '세키코세이惜香生'는 필명으로 판단된다. 송판권과 김준배는

《조선 이순신전》의 저자 세키코세이를 당시 외교관으로 조선에 와 있던 오다기리 마스노스케小田切万壽之助라고 주장한다. 오다기리 마스노스케는 1887년부터 1891년까지 조선에서 근무하였다. 이 시기에 시바야마 나오노리 역시 조선에서 근무하며 지도 작성 등에 종사하였다. 송판권에 의하면 오다기리 마스노스케는 세키코惜香 또는 세키코세이惜香生라는 필명을 사용하였으며, 시바야마 나오노리와 교분이 있었다는 것이다. 필자도 '세키코세이惜香生는 상해 총영사 오다기리 마스노스케'라는 1898년 기사를 확인하였지만, 아직 단정은 보류하기로 한다.

당시 일본은 제국주의 국가 정책을 취하면서 대륙 진출을 엿보고 있었다. 그들이 가장 위협을 느낀 대상은 러시아였다. 이 책은 이 같은 상황 속에서 일본의 해군력을 증강해야 할 필요성을 역설하기 위해 쓰였다고 볼 수 있다. 그리하여 한반도, 특히 한반도 남해안 항구의 지정학적 가치를 곁들이면서 임진전쟁 당시 일본 해군의 실패를 혹독하게 비판하고 있다.

그럴수록 이순신은 홀로 일본 수군 전체와 맞서 나라를 구한 영웅으로 부각된다. 이순신을 나폴레옹에 맞서 영국을 구한 영국의 넬슨 제독에 비교한 최초의 문서도 이 책이다. '영국을 지켜 나폴레옹의 발굽 아래 들지 않게 한 것은 영국의 이순신, 넬슨의 공이요, 조선을 지켜 국운의 쇠락을 만회한 것은 실로 조선의 넬슨, 이순신의 웅대한 지략이었다'고 쓰고 있다.

메이지 일본 해군 역시 이순신을 연구하고 가르쳤다. 그 선두에 섰던 사람은 해군 내의 대표적 이론가이자 문필가였던 사토 데쓰타로佐藤鐵太郎와 오가사와라 나가나리小笠原長生였다.

사토 데쓰타로는 육군 중심의 국방전략에 맞서 해군 중심의 해주육종론海主陸從論을 설파하는 데 앞장섰다. 해군대학교 교관을 지내며 일본 해군의 전략 수립에 큰 영향을 끼친 사토 데쓰타로는 이순신을 깊이 연구하고 경모하였다. 자신의 이론을 집대성한《제국국방사론》(1908)에서 그는 이순신을 '실로 명성이 세상을 뒤덮을 만한 해군 장수'라고 높이 평가하고 있으며, 1892년 처음 집필한《국방사설》에서부터 이러한 생각을 가다듬어왔다. 그의 이순신에 대한 경모는 임진전쟁 당시 일본 수군의 작전과 패인을 분석하면서 자연스럽게 도출된 것이었다.

사토 데쓰타로가 중장으로 진급한 이후 1927년에 집필한 〈절세의 명장 이순신〉은 이순신에 대한 그의 생각을 가장 잘 정리해 보여주는 글이다. 뿐만 아니라 메이지에서 다이쇼 시대 일본 해군의 생각을 엿볼 수 있는 중요한 자료이다.

한편 오가사와라 나가나리는 일본 해군을 대표하는 문필가였다. 청일전쟁과 러일전쟁 전쟁사 편찬에 관여하였으며, 해군대학교 교관을 지냈다. 《일본제국해상권력사강의》는 해군대학교 강의를 책으로 엮은 것으로, 제5장의 대부분은 이순신과 관계된 내용이다. 이 책은 해군 장교들에게 큰 영향을 주어 이순신의 이미지를 확립하는 데 중요한 역할을 하였다. 한편 그가 1898년에 펴낸 《제국해군사론》에도 이순신에 대한 내용이 들어 있는데, 일반인을 독자로 한 이 책 역시 일본 내에 이순신을 알리는 데 기여하였다.

메이지 일본 해군이 이순신을 연구한 이유 역시 자국의 필요에 의해서였다. 그들이 자국의 치부를 드러내며 임진전쟁의 실패를 되새기는 역사적 맥락을 들여다보아야 한다.

그렇다고 해서 이순신에 대한 역사적 평가가 퇴색하는 것은 아닐 것이다. 다행히도 우리는 그 후 이순신에 대한 온당한 역사적 평가를 내릴 수 있게 되었다. 그렇게 되는 데 메이지 시대 일본인들의 이순신 연구에 일정 정도 힘입었음도 겸허히 인정해야 한다.

지난해 이 책을 기획하던 때는 이순신 장군이 전장의 포연 속에서 꽃처럼 산화한 지 420주년이 되는 해였다. 어느 날 우연히 지인 박행웅 씨와 러일전쟁을 일본의 승리로 이끈 도고 헤이하치로와 이순신 장군의 관계를 이야기하던 것이 이 책의 시발점이었다.

화제는 영국의 넬슨 제독과 비견되곤 하던 도고 헤이하치로가 자신이 넬슨과는 몰라도 이순신에는 한참 못 미친다고 말했다는 세간의 이야기와 시바 료타로의 글 속에 등장하는 일본 해군이 이순신을 군신軍神처럼 섬겼다는 이야기에서 그렇다면 일본 해군에서 이순신의 전술 전략을 가르치던 교재 같은 게 있을 수 있겠다는 데로 발전하였다.

그 후 여러 경로로 자료를 찾고 모았다. 다소의 우여곡절을 거쳐 필요한 자료를 모을 수 있었다. 이순신을 연구해온 박종평, 이종각, 김준배 등 여러 분의 연구에서 큰 도움을 받았다. 메이지 일본 해군에서 이순신을 직접 가르친 자료는 현재로선 오가사와라 나가나리의《일본제국해상권력사강의》가 유일하다. 사토 데쓰타로 역시 이순신을 연구하고 일본 해군대학교에서 '국방사론'을 강의하였지만, 당시 그가 쓴 글 속에는 이순신에 관한 내용이 아주 소략하다. 다행히 나중에 그가 이순신에 대해 쓴 좀 더 길고 정리된 글이 있어 이 책에 수록하였다. 최초의 이순신 전기인《조선 이순신전》은 메이지 해군은 물론 앞의 두 저자에게도 영향을 주었을 것이다.

3편의 글을 제외하고는 모두 내용이 단편적이거나 좀 더

시대가 흐른 다음의 글, 또는 전거가 불확실한 것들이었다. 도고 헤이하치로가 이순신에 관해 쓴 글은 발견할 수 없었다. 하지만 여러 가지 정황으로 볼 때 도고 헤이하치로가 이순신을 알고 있었으리라는 추측은 가능해 보인다.

오가사와라 나가나리는 당시 일본 해군 내에서 도고 헤이하치로와 가장 가까웠을 뿐 아니라 대표적인 추종자였다. 여러 편의 전기를 집필하는 등 도고 헤이하치로의 영웅화에 앞장섰다. 사토 데쓰타로는 도고 헤이하치로를 영웅으로 만들어준 러일전쟁 당시의 쓰시마 해전을 승리로 이끈 최대 공로자 가운데 한 사람이었다. 제2함대 참모로서 뛰어난 작전계획을 수립해 일본의 승리에 기여했다.

《조선 이순신전》과 《일본제국해상권력사강의》는 일본 국회도서관 소장 자료를 텍스트로 하였으며, 〈절세의 명장 이순신〉은 국립중앙도서관에서 자료를 구하였다. 기획하고, 정보를 얻고, 문장을 가다듬는 데 박행웅, 박종평, 김준배, 이종각, 문일평, 박형균 등 여러 분에게 신세를 졌다. 이 자리를 빌려 감사의 마음을 전한다.

2019년 2월

그림 출전

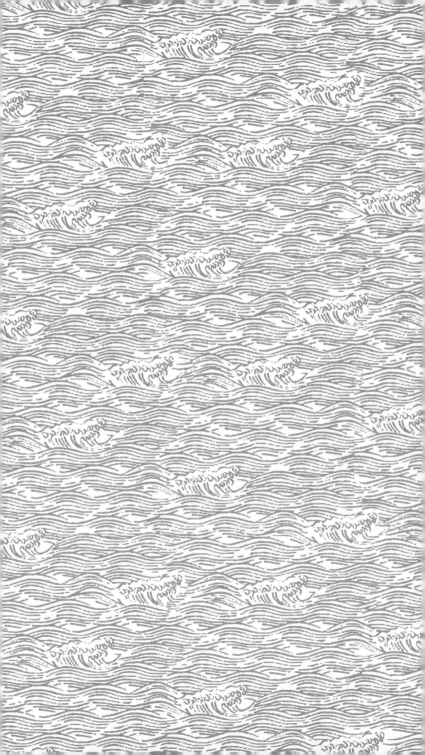

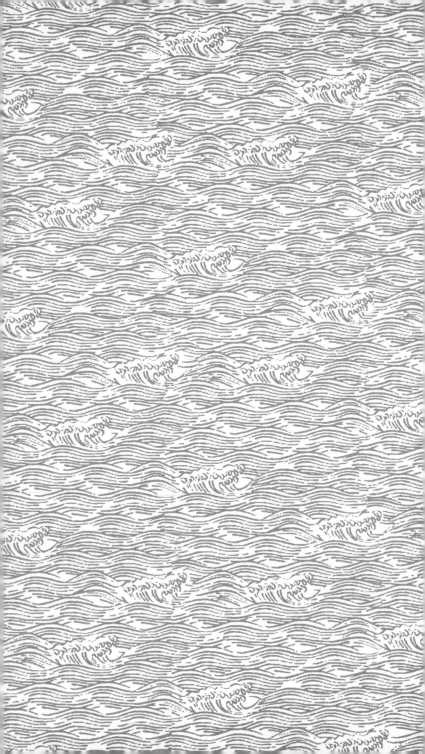